DANOIS

LIGNES DE VIE D'UN PEUPLE

HD ateliers henry dougier © 2022.
7, rue du Pré aux Clercs – 75007 Paris

Coordination éditoriale et correction : David Mac Dougall
Secrétariat général : Clémence Commelein
Réalisation de la maquette : Nord Compo

Dépôt légal : avril 2022

ISSN : 2427-9137 – ISBN : 979-10-312-0526-7
Deuxième édition

Imprimé et broché en France par l'imprimerie Corlet.

DANOIS

LIGNES DE VIE D'UN PEUPLE

Nicolas Escach

ateliers
henry dougier

Créée en 2014, la maison d'édition **les ateliers henry dougier** souhaite « raconter » la société contemporaine dans le monde, en donnant la parole aujourd'hui à des témoins souvent invisibles et inaudibles : peuples, régions, métiers, catégories sociales ou générationnelles parlent ici de leurs valeurs, de leur mémoire, de leur imaginaire, de leur créativité.

Notre objectif : briser les murs et les clichés.

Chaque titre de cette collection est également disponible en e-book.

SOMMAIRE

DÉCLARATION D'INTENTION

J'ai choisi de m'intéresser au Danemark comme pour zoomer au plus près de mes songes cartographiques. Le pays fascine d'abord par sa forme géographique, tour longiligne s'élançant à s'y perdre dans un infini bleu. Retournons-le. Une sentinelle protectrice qu'un chemin vient border est dressée devant la porte de la mer Baltique. Où est donc le seuil ? Skagerrak, Kattegat, la tresse se divise en plus minces faisceaux entre Petit Belt (*Lillebælt*), Grand Belt (*Storebælt*) et Øresund. Tous les navires ne pourront pas passer de l'autre côté des détroits. Déjà, les filets verticaux de l'autoroute maritime croisent des cordes horizontales plus aériennes : ponts, tunnels, ferries et éoliennes. Ici la mer n'est jamais vraiment inconnue : l'aménagement du territoire liquide est déjà bien entamé. Le Danemark vient parfois lorgner la bordure des pages comme si l'Atlas l'avait oublié. J'ignore alors si, dans cet archipel, je dois suivre l'eau irriguant de sa sève les terres du Jutland ou les dizaines de confettis protéiformes, plus ou moins grands, vers lesquels mon esprit divague. La mer entoure parfois et s'immisce souvent.

Le Danemark est une périphérie pour qui s'attache à l'Europe-continent. Après lui, s'ouvrent des territoires bien trop insulaires. Dans ce rôle de passerelle, il trouve à mes yeux un attrait stratégique. Le Danemark n'est pas la bordure de l'Europe mais la synapse vers le reste de l'Europe, celle qui tarde à se définir sur ses marges. À l'est, passé le pont-tunnel de l'Øresund, Stockholm puis Helsinki, s'étirent les frontières de la Russie. Au nord émerge l'Arctique, mer disputée que le réchauffement climatique recompose. Au nord-ouest, les îles Féroé, l'Islande perdue puis le Groenland révèlent autant de tissages invisibles avec l'Amérique du Nord. Ce qui me plaît tant dans ce pays est que nous n'en savons rien. Si le nom Danemark, certains diront la marque, est commun, rares sont les réalités qui l'incarnent dans nos esprits. Des touristes français se rendent régulièrement dans les fjords norvégiens ou en Suède mais peu au Danemark où les paysages sont réputés moins grandioses.

Alors que j'enseignais encore à Lyon, j'avais demandé à mes étudiants de réaliser une carte mentale de l'Europe du Nord. Ils devaient dessiner sur une page blanche les pays qui la composaient et les mots auxquels ils l'associaient. Certaines représentations érigeaient le Danemark au rang des « zones grises », la tache blanche traduisant avant tout un interstice dans l'horizon des espaces appropriés. D'autres le reconnaissaient par sa forme mais se limitaient à sa partie continentale (le Jutland). Tous en dressaient une caractérisation paradoxale, imprégnée d'une romantisation de l'esprit nordique et alternant entre extraordinaire et originel (écomusée ou laboratoire, passé ou avenir, nature mythifiée ou faisceau d'innovations sociales). Froid, alcool, absence de relief, mer, Vikings, mais aussi système d'éducation performant, éoliennes, Union européenne. Leur approche reflétait parfaitement la mienne. Nous connaissons certes la vitrine mais que savons-nous exactement des Danois ?

Le Danemark n'est pas suffisamment personnifié. Entrer par les individus qui composent les systèmes et non pas les systèmes eux-mêmes me paraissait ajouter le chaînon manquant entre le fantasme français et une connaissance plus approfondie de la vie danoise. J'ai donc choisi d'orienter ce livre vers l'innovation en abordant certes des thèmes qui pourraient résonner en France mais en privilégiant l'angle du quotidien à celui du modèle. ■

INTRODUCTION

« Il existe dans le vaste monde des montagnes
bien plus hautes que là où la montagne n'est que colline,
mais nous, les Danois, dans notre nord,
nous nous contentons volontiers de plaines
et de verts coteaux, nous ne sommes pas faits
pour les hauteurs et les vents violents,
ce qui nous va le mieux, c'est de rester près du sol. »

Nikolai Frederik Severin Grundtvig,
Danmarks Trøst – Langt højere Bjerge, 1820.

Géographiquement, les Danois semblaient condamnés à la modestie, celle d'un État-archipel, discontinuité territoriale imprimée à la périphérie septentrionale de l'Europe. Loin de céder au déterminisme, ils ont pourtant choisi d'exister, sans faire de bruit, en convertissant la moindre contrainte en atout. Alors que le pays était encore largement figé au lendemain de la Seconde Guerre mondiale, il figure aujourd'hui parmi les dix plus innovants du monde. 5,6 millions d'habitants, beaucoup d'églises mais peu de villes moyennes ou grandes, une seule vraie région métropolitaine, quel écart entre tant de contractions et un rayonnement à si longue portée !

Bien sûr, il y a des ambassadeurs du Danemark à l'étranger, des préfigurateurs inspirants, Claus Meyer à la tête du Noma, élu plusieurs années meilleur restaurant du monde, Jeppe Gjervig Gram et Tobias Lindholm qui, dans la série *Borgen*, ont choisi d'exporter dans une soixantaine de pays l'idéal ébranlé d'une femme politique dans les couloirs du château de Christiansborg. Comment ne pas songer aussi aux emblèmes accompagnant les pulsations de l'histoire européenne, de Christiania, première communauté autogérée d'Europe au début des années 1970, à la publication des premières caricatures de Mahomet par le journal satirique *Jyllands-Posten* en 2005 ? Mais au-delà des dynamiques les plus visibles, la créativité semble irriguer la vie de l'ensemble des Danois, non en simple option réservée aux plus éclairés mais comme une raison d'être pour tous, un mode d'habiter. Parce que le réel dresse parfois trop de limites, l'imagination devait conduire à une douce sublimation. Alors que les Français sont souvent enclins à la théorie et à l'abstrait, il y a, chez les Danois, une forte propension au pragmatisme et au concret. L'innovation provient de la recherche de solutions simples, directes et réalistes à des problèmes quotidiens. Un obstacle à contourner engendre, selon la méthode des petits pas, une cascade de douces transformations. Les Danois inventent plus souvent sans s'en rendre compte, créent presque toujours par segments, la ligne fine et en pointillé étant plus constitutive de leur être que l'épaisseur du trait. Doit-on lire la brisure de l'idéal dans l'absence de démesure ? Comprendre les Danois suppose en tout cas de quitter un moment nos projections pour prêter attention à des traits plus légers mais tout aussi structurants, tant ils se sont agglomérés.

Dans cette perspective, l'utopie ne serait-elle pas plus française que danoise ? Depuis les années 2000, il est souvent question en France du « modèle danois », du « miracle danois », du « bonheur danois ». Le Danemark est devenu ainsi, après la Suède, un miroir tendu sur nos insuffisances, nos doutes, nos contradictions, notre quête de valeurs, de sens et de transcendance. Quelques pionniers sociaux-démocrates avaient déjà porté leur regard en direction d'un Nord plus vertueux : Jacques Chaban-Delmas avec son plan de « Nouvelle société », Jacques Delors ou encore Michel Rocard, auteur d'une préface au livre de l'ancien ministre des Finances Mogens Lykketoft *Le Modèle danois : chronique d'une politique réussie* (2006). Autour d'eux, certains annonçaient le modèle mais en dénonçaient aussitôt la transférabilité. Faudrait-il définitivement classer l'expérience danoise dans la catégorie exotique des écomusées du développement durable, toujours agréables à visiter mais délimités dans le temps et l'espace ? Relève-t-elle d'un phénomène de mode, les cycles d'admiration précédant de futures phases de désenchantement ?

Si le Danemark fascine autant en tout cas, c'est qu'il apparaît profondément complexe, contradictoire : rural dans ses traditions et ses mentalités mais progressiste et éclaireur par nombre d'innovations économiques, culturelles, sociales, soudé par une cohésion sociale presque tribale mais traversé d'une peur exacerbée de l'autre, pacifique mais touché par de violentes émeutes urbaines, prétendument heureux mais non sans une certaine dose d'indolence et de mélancolie. Les utopies danoises portent de nouveaux horizons à la réflexion de nos sociétés sur une carence de leurs valeurs. Derrière de nouvelles trajectoires collectives, qui nous aident à penser autrement notre rapport aux autres et à l'espace, se cache la proposition d'un autre contrat social. Cette proximité est devenue une intimité en communauté, un idéal écorché par les contradictions d'un État ouvert traversé de bribes réactionnaires. La vie seule, une propension à découvrir par effeuillage, à exhumer l'essentiel pour tracer de nouvelles voies, voilà ce qui a rassemblé les Danois, ces ingénieux façonnés par la nécessité.

J'ai donc avant tout rencontré l'attachement prolifique des habitants par et pour leurs territoires. Mon regard de géographe m'a conduit à accorder une place centrale aux lieux, circonscrivant la pensée danoise en sillonnant l'espace où elle s'incarne. Où se trouvent donc les totems danois, ces hauts lieux de l'histoire longue ou des caprices de l'instant ? La première visite de mon itinéraire me conduisit dans le Danemark périphérique, que seul l'usage d'une voiture de location ou d'un ferry permettait d'approcher. Je souhaitais contourner le plus longtemps possible Copenhague, ville-aimant condamnant le visiteur à s'éloigner de l'essentiel. Sans doute imposait-elle de succomber aux chants trop encombrants d'une sirène bien minimaliste. Depuis Sønderborg, à la frontière allemande, j'empruntai trains, ponts et rouliers vers Als et l'île d'Ærø, découvrant des perspectives moutonnées sur fond de mythe maritime. Je retrouvai ensuite l'unique terre ferme, l'immense prééminence du Jutland, que je traversai latéralement pour rejoindre la côte ouest. Après une visite de Ribe, la plus ancienne ville du pays, je remontai vers Ringkøbing puis l'île de Mors encastrée dans le Limfjord. Je quittai alors la « banane pourrie » des marges danoises pour rejoindre « le grand H » des plus grandes villes : Aalborg, Aarhus, Odense, avant d'entrer, avec un détour par Kalundborg et l'île de Samsø, dans l'incontournable *Finger Plan* de Copenhague, au bord de l'Øresund. L'ouvrage que vous vous apprêtez à lire est la carte recomposée d'un parcours décentré. Aux chapitres révélant la fertilisation de Copenhague, métropole lacunaire, répondent ceux qui s'aventurent sur des voies plus secondaires. Des relais ont ainsi été posés dans presque tous les tissus du territoire, à l'exception du Groenland et des îles Féroé qui nous paraissaient ouvrir d'autres horizons d'exploration. Entrer chez les Danois par la géographie était sans doute la seule méthode possible pour entendre leur voix, tant le point d'interrogation qu'ils nous transmettent a la saveur douce-amère de l'espace. ■

CHAPITRE I

LE COMPLEXE GÉOGRAPHIQUE

FIERS D'ÊTRE PETITS

Avant de quitter la France, je ressens le besoin d'initier un long travail de détricotage des paradoxes danois. Mon regard français, empli de fantasmes, échoue encore à se repérer dans un pays dont la proximité n'amenuise ni l'altérité ni la complexité. Mon voyage vers le nord commence donc à l'est dans un village près de Nancy où vit **Marc Auchet**, professeur émérite au département d'Études nordiques de la Sorbonne. Traducteur des *Contes* d'Andersen et lauréat du prix éponyme, amoureux avisé du dramaturge Kaj Munk, l'enseignant-chercheur s'est consacré presque par hasard à l'étude de la littérature et de la société danoise. À son arrivée en Lorraine, il connaissait déjà très bien la Norvège et enseignait l'allemand. Le départ en retraite d'un collègue du lycée Henri-Poincaré, également vacataire en vieil islandais et en danois à l'université, eut un rôle déterminant dans la suite de sa carrière. En quittant la place Dombasle dans sa voiture, il évoque ses premières années d'enseignement à Nancy, sa thèse sur la logique de l'imaginaire chez Munk achevée en 1990, la pièce *Ordet* qu'il affectionne particulièrement. Il revient alors sur une phrase *a priori* anodine prononcée par une lectrice de danois lors de la projection de documentaires sur les pays scandinaves : « Les Norvégiens parlent du paysage et nous des hommes. »

Dans vos travaux, vous parlez à propos du Danemark d'un « complexe de la peau de chagrin ». Qu'entendez-vous par là ?

À l'époque de l'Union de Kalmar (1397-1523), créée avec les royaumes de Suède et de Norvège pour lutter contre le monopole de la Hanse dans le commerce baltique, le Danemark s'affiche comme le pays scandinave le plus influent. Les Suédois finissent cependant par se désolidariser et parviennent, après deux siècles d'affrontement, à étendre leur rayonnement sur une grande partie de la Baltique. Le Danemark doit alors concéder ses provinces suédoises (Scanie, Blekinge et Halland) lors du traité de Roskilde en 1658. Par la suite, les XIXe et XXe siècles marquent une longue rétraction territoriale : perte de la Norvège en 1814, des duchés en 1864, des îles Vierges en 1917 et de l'Islande en 1944. La date de 1864 est particulièrement traumatique, les duchés de Schleswig et de Holstein représentant alors un cinquième de la population du royaume et un tiers du territoire. Avec ces différentes pertes, le Danemark n'est plus un vaste ensemble multiculturel mais un petit pays homogène culturellement et linguistiquement. La Nation danoise doit alors se construire sur le lit de l'humiliation et de la défaite.

Cet enserrement progressif a généré une peur toujours visible de la dislocation. Au moment où le Danemark adhère à la Communauté économique européenne (CEE) en 1973, plusieurs écrivains imaginent sur un ton caustique que le pays pourrait disparaître de la carte. L'intégration dans une coopération englobante serait susceptible de dissoudre l'identité, l'intimité et même la survivance du territoire danois. L'écrivain Benny Andersen rédige en 1976 un court texte en prose publié dans le magazine *Victor B. Andersens Maskinfabrik* intitulé « Lorsque le Danemark a été désaffecté » (*Da Danmark blev nedlagt*). Les îles Féroé et le Groenland ont d'ailleurs aujourd'hui de fortes velléités d'émancipation, preuve que les contours de l'espace national demeurent fragiles.

J'observe en tout cas chez les Danois une forme de résignation : nous sommes petits alors acceptons-le ! Ils croient en leur bonne étoile, sont en quelque sorte « fiers d'être petits », ce qui n'est pas sans rapport avec leur pratique de l'auto-ironie. Rendez-vous sur place, vos interlocuteurs seront d'abord étonnés que vous puissiez vous intéresser à eux mais, après quelques heures, ils ne tarderont pas à vanter leurs multiples atouts. La modestie reste apparente, elle est de bon ton : intérieurement, les Danois sont en réalité aussi fiers de leur pays que les Français. La « folie des grandeurs de la petitesse » (*lidenhedens storhedsvanvid*), oxymore créé par l'écrivain Hans-Jørgen Nielsen (1941-1991) et mentionné par la reine Margrethe II dans l'un de ses discours, désigne très justement cette obsession de la modestie liée à la conviction de figurer parmi les meilleurs.

Cette modestie revendiquée est souvent justifiée par ce que les Danois appellent « la loi de Jante ». En quoi consiste-t-elle ?

La plupart des pays nordiques ont curieusement repris à leur compte une accusation portée en 1933 par Aksel Sandemose dans son roman largement autobiographique *Un fugitif recoupe ses traces*. En formulant sa « loi de Jante » (en danois *Janteloven*), dont le nom est emprunté à une localité fictive du Jutland, il s'insurge contre des sociétés scandinaves étriquées et sclérosées par le conformisme. Un certain règne de la médiocrité émergerait de ce doux nivellement, où des individus égaux et disciplinés refouleraient la moindre velléité de se mettre en avant : « Tu ne dois pas croire que quelqu'un se soucie de toi ! », « Tu ne dois pas croire que tu en sais plus que nous ! », « Tu ne dois pas croire que tu es capable de quoi que ce soit ! », « Tu ne dois pas croire que tu peux nous apprendre quelque chose ! » Fuir les conflits, éviter les sujets qui fâchent en public et en privé, pratiquer le non-dit sont des traits du fameux bien-être danois appelé *hygge*. Les Danois ont d'ailleurs forgé un terme qui les décrit bien – *konfliktsky* – que l'on pourrait traduire par « avoir peur des conflits ». Pour préserver l'ordre, un Danois évite d'ébranler le système, recherche la confiance et la fiabilité, lie son destin à celui du groupe. Pourtant, afficher collectivement son optimisme ne signe pas l'absence d'une mélancolie plus voilée contenue dans la sphère privée. Un fort sentiment de mauvaise conscience, le poids des rancœurs et la violence des troubles intérieurs s'expliquent peut-être en partie par la tradition luthérienne du pays. Contrairement au catholicisme, le protestantisme n'offre pas de se défaire du sentiment de culpabilité par la seule confession auriculaire. La géographie du pays favorise aussi ces ruminations mentales : dans un espace très faiblement peuplé, à l'habitat plutôt clairsemé, où nombre de fermes restent isolées, comment ne pas céder à l'introspection dans la solitude des longues soirées d'hiver ? Certains y verront même une forme de « mentalité crépusculaire » (*tusmørke-mentalitet*).

Comment expliquer que cette conception n'ait pas entravé la capacité des habitants à innover ?

Une célèbre maxime danoise exprime l'importance de la résilience : « On peut trouver une compensation à chaque perte, ce qu'on perd à l'extérieur, il faut le gagner à l'intérieur » (*For hvert et tab igen erstatning findes, hvad udad tabes, det maa indad vindes*). Cette phrase est abusivement attribuée à Enrico Dalgas (1828-1894), pionnier de la mise en culture du Jutland après la défaite de 1864. Une campagne de plusieurs décennies a en effet amené les agriculteurs danois à défricher et exploiter la lande, ce qui a fait de la région le remarquable territoire agricole que l'on connaît aujourd'hui. En réalité, son auteur est le poète danois Hans Peter Holst (1811-1893). Elle a été employée dans un contexte bien différent, puisqu'elle figurait sur la médaille d'une exposition sur l'industrie et l'art danois organisée à Copenhague en 1872. La citation devait témoigner du nouveau dynamisme du pays dans un autre domaine que l'agriculture, quelques années après la perte des duchés.

Après 1864, l'influence de Nikolai Frederik Severin Grundtvig (1783-1872), pasteur, mythologue, poète, historien et pédagogue est également très importante. Il fonde des écoles supérieures pour adultes (*folkehøjskoler*), rassemblant les agriculteurs du pays pendant plusieurs semaines afin de leur enseigner la mythologie et l'histoire nationale. En leur révélant un passé glorieux, le pasteur souhaite contribuer à l'éveil des populations rurales invitées à s'inspirer de leurs ancêtres, en étant aussi dynamiques, efficaces et exemplaires qu'eux dans leurs travaux quotidiens. Sous l'influence de Grundtvig, le Danemark demeure cependant replié sur lui-même et sur son passé, ce que nous pouvons considérer comme un ultime prolongement du romantisme. À partir de 1871, l'écrivain Georg Brandes (1842-1927) nourrit de son côté une pensée très critique vis-à-vis de la mentalité danoise et ouvre le pays sur l'Europe et le monde, s'inspirant des positivistes français (Auguste Comte) et de penseurs anglais (Stuart Mill) pour lancer le mouvement de la « Percée moderne » (*Det Moderne Gennembrud*). Jusqu'au milieu du XXe siècle, les Danois sont le produit de ces deux courants : un versant scandinave, rural, conservateur et souvent chrétien face à un mouvement cosmopolite, urbain, progressiste et délibérément athée.

Comment décririez-vous le rapport des Danois à l'innovation ?

La manière dont les Danois conçoivent l'innovation jusqu'à aujourd'hui reste aux antipodes de l'abstraction française. En politique comme en matière de design, ce qui les intéresse est de peser eux-mêmes sur leur vie pratique. Ils sont convaincus qu'ils ont le pouvoir de déterminer le cadre de leur quotidien pour l'optimiser. La lecture des journaux dans les deux pays est assez révélatrice. Quand les Français évoquent par exemple l'Europe, ils envisagent souvent une Constitution, un texte, de grands mythes fondateurs. Les Danois, quant à eux, s'inquiètent plutôt pour le prix de la bière ou la couleur de la saucisse. À partir du moment où le point de départ est le réel existant et non d'improbables conjonctures, les Danois animent en permanence un véritable « laboratoire social » et progressent par étape. Pragmatiques, ils n'ont pas peur de conduire des expériences et de revenir dessus si nécessaire. L'attachement aux résultats plutôt qu'aux idéologies explique une faculté à adapter continuellement leur modèle et à emprunter des voies audacieuses. Ce n'est pas un hasard si le Danemark a fourni un grand nombre de savants, de découvreurs et d'ingénieurs comme, entre autres, les astronomes Tycho Brahe et Ole Rømer, le philologue Rasmus Rask, les physiciens Hans Christian Ørsted et Niels Bohr. Cet intérêt pour l'observation et les sciences exactes me semble être un reflet de la tournure d'esprit pratique des Danois. Ils ont également su s'adapter et faire preuve de flexibilité lors des moments importants de leur histoire. La plupart des grandes évolutions du pays se sont opérées de manière douce, en préférant les solutions de compromis aux violentes ruptures. Cette progressivité caractérise le passage du paganisme au christianisme dès l'époque des Vikings au cours d'une longue transition marquée par la cohabitation pacifique des deux cultes. De même, la diffusion du protestantisme ne connaît aucun événement comparable à la Saint-Barthélemy. Pas de révolution violente non plus pour la fin de l'absolutisme au profit d'un régime de monarchie constitutionnelle au milieu du XIXe siècle ou pour l'introduction du parlementarisme et l'instauration du dialogue social au tournant du XXe siècle.

Nous sommes aux antipodes du déterminisme géographique. Vous avouez parfois vous-même avec humour que pour apprécier ce pays peu étendu « il faut avoir le sens du détail »...

Le Danemark présente des dimensions modestes et constitue le plus petit État du *Norden* avec une superficie de 43 094 kilomètres carrés (hors îles Féroé et Groenland). Traverser le pays ne prend que quelques heures, quatre heures et quart de train entre Aalborg et Copenhague. La capitale reste décentrée à l'extrême est, ce qui témoigne de l'époque où elle assurait l'organisation des provinces suédoises. En 2013, la région métropolitaine de Copenhague représente encore 34,5 % de la population selon Eurostat. La deuxième ville, Aarhus, se rapproche par sa taille d'une ville française comme Nancy. Odense et Aalborg, respectivement troisième et quatrième ville du pays, sont les seules autres municipalités danoises à dépasser la barre des 100 000 habitants. La majorité de l'armature urbaine est donc constituée de petites villes de 20 000 ou 30 000 habitants, voire moins.

En dehors des villes, je qualifierais le reste de la campagne danoise d'idylle champêtre. Le paysage reste monotone et paisible, exception faite de quelques sites plus impressionnants comme les falaises de l'île de Møn. Sur la côte ouest du Jutland, de la pointe de Skagen jusqu'au sud de Ringkøbing, un Danemark différent apparaît avec les vagues houleuses de la mer du Nord, des dunes et de forts coups de vent. Comme dans les îles Féroé ou au Groenland, la nature danoise présente dans ces régions septentrionales un profil encore sauvage. J'aime particulièrement quand le paysage danois se fait ainsi plus grandiose, mais il n'est alors presque plus danois…

Le Danemark s'étend de Bornholm jusqu'au Groenland et de la frontière allemande aux îles Féroé, le cœur du territoire danois semble donc résolument maritime. Comment percevez-vous le rapport des Danois à la mer ?

L'eau est partout au Danemark, autour et à l'intérieur du pays : l'eau limpide des rivières s'écoulant dans les prairies, les vagues houleuses fouettant les plages de la côte ouest, le reflet contrasté des fjords ou des lacs interrompant la monotonie des forêts. Où que vous soyez, la mer n'est jamais à plus de 50 kilomètres. Les Danois disposent de deux termes, forgés dès l'époque viking, désignant par des mouvements contradictoires mais complémentaires leur lien à la mer : « l'appel du large » soit l'envie de s'élancer en mer (*udve* ou *udlængsel*) et « la nostalgie » marquant l'aspiration à revenir là où sont ses racines (*hjemve*). Dans la littérature danoise, que ce soit dans la ballade médiévale *Agnès et le Triton* ou chez Andersen avec *La Petite Sirène*, le détour par la mer est d'ailleurs associé à la nécessité de dépasser le stade de l'enfance, un mode d'existence régressif et narcissique, pour gagner sur terre la maturité de l'âge adulte. La mer présente un profil ambivalent : elle fascine et inquiète en ce qu'elle concentre les zones d'ombre de la vie psychique tout en représentant une composante indispensable du parcours initiatique.

Une autre manière d'étudier le complexe géographique danois est de l'appréhender à l'échelle européenne. Comment la position périphérique du pays est-elle perçue par les habitants ?

Les Danois se sentent moins périphériques que les Norvégiens. Le pays est très ouvert vers l'extérieur, ne serait-ce que commercialement, les échanges avec l'Allemagne, premier partenaire, étant particulièrement intenses. Pour un Suédois, se rendre au Danemark signifie d'abord « gagner le continent ». Le Danemark a d'ailleurs rejoint dès 1973 la Communauté économique européenne (contre 1995 pour la Suède et la Finlande) et partage avec la Norvège et l'Islande un positionnement atlantiste marqué par son statut de membre fondateur de l'OTAN. Les liens entre les régions orientales comme l'île de Seeland et les autres pays européens devraient être renforcés avec l'ouverture du tunnel sous le détroit du Fehmarn qui placerait Copenhague à moins de trois heures de trajet de Hambourg. Des réticences allemandes retardent toutefois la réalisation de ce grand projet. L'intégration du pays dans l'ensemble scandinave contribue également à nuancer l'isolement tout en générant un fort particularisme. Les cinq drapeaux nordiques alignés à la frontière germano-danoise signalent l'entrée dans un autre monde. La limite n'est pas seulement politique. À l'occasion de mes premiers séjours, j'ai été frappé par la singularité du paysage nord-européen : un ciel haut, une lumière particulière créent autant d'effets de seuil. Une nouvelle réalité territoriale commence au-delà de l'Allemagne et les Danois ont la sensation d'en faire partie. ■

ROMPRE L'ISOLEMENT

Malgré la petite taille du pays, les contrastes à l'intérieur du territoire danois apparaissent saisissants. D'un côté, le Danemark isolé et pauvre, une bande périphérique appelée « la banane pourrie » (*den rådne banan*) qui s'étend du nord du Jutland jusqu'en Fionie (avec un éventuel prolongement vers les îles de Lolland ou de Bornholm), en passant par la côte ouest et les zones frontalières avec l'Allemagne. Ces marges associent des régions éloignées de la capitale, peuplées majoritairement de pêcheurs et d'agriculteurs, où le poids du piétisme reste très lourd. À l'opposé, de Copenhague à Helsingør, s'étire une côte d'une trentaine de kilomètres, nommée « la ceinture du Whisky », véritable oasis d'opulence où s'égrènent infrastructures balnéaires, villas de riches entrepreneurs ou d'artistes et *clusters* technopolitains. À mesure que l'écart s'est creusé entre ces deux espaces, l'expression « Danemark périphérique » (*Udkantsdanmark*) s'est largement diffusée sous la plume des journalistes et élus danois. Le terme a été utilisé pour la première fois le 10 avril 1992 dans un article de l'hebdomadaire *Weekendavisen*. Les occurrences se sont multipliées en 2010-2011, suite à la combinaison d'une vaste réforme territoriale entrée en vigueur en 2007 (passage de 271 à 98 communes, de 13 *amter* à 5 régions) et de la crise économique de 2008. Un contexte national plus général de restructuration administrative et de relocalisation des emplois a engendré un appel des populations aisées et/ou qualifiées vers les principales villes et une recomposition des lieux centraux. Le « Danemark des marges » (*udkant, vandkant, yderområder*) semble qualifier une perte d'attractivité d'espaces faiblement métropolisés, caractérisés par un solde migratoire négatif, un vieillissement de la population, un faible taux de retour des jeunes partis étudier ou trouver un emploi, des fermetures d'usines et de magasins, un éloignement des services publics (administrations, écoles, hôpitaux, tribunaux) et un plus fort taux d'insécurité. L'adjectif *københavneri*, tout en dénonçant un poids écrasant de Copenhague, désigne quant à lui, non sans connotation péjorative, « ce qui est caractéristique de Copenhague », soit un mélange de déracinement, de plaisir et de frivolité.

Au-delà de la seule « banane pourrie », la déchéance territoriale a fini pourtant par gagner l'ensemble des « provinces », l'expression associant toutes les zones situées hors de la région métropolitaine de Copenhague (et parfois d'Aarhus, Odense et Aalborg). Pour **Jon Sundbo**, professeur d'économie à l'université de Roskilde, les limites de l'*Udkantsdanmark* s'avèrent désormais poreuses : « Le Danemark périphérique commence à la sortie de Copenhague. Près de Roskilde, plusieurs régions de l'île de Seeland présentent des indicateurs statistiques marqués par le déclin. » Les communes les plus pauvres sont ainsi situées dans le nord (Hjørring, Jammerbugt, Thisted, Vesthimmerland) et le sud-ouest du Jutland (Tønder, Varde), dans la côte sud du pays (îles méridionales de Langeland et Lolland), mais aussi au cœur de la région capitale (Copenhague, Høje-Taastrup, Albertslund). La précarité affecte une partie croissante de la population danoise mais n'apparaît pas dans les statistiques en raison d'un effet de seuil.

Thessa Jensen, 49 ans, professeure associée à l'université d'Aalborg, travaille depuis 2007 sur le rôle des réseaux sociaux dans l'innovation au sein des territoires périphériques. Elle s'est également engagée en tant que membre du bureau de LandboNord, la deuxième plus grande organisation professionnelle agricole du Danemark. Résidant désormais à Hjørring sur une halte ferroviaire, elle a longtemps vécu dans une zone rurale près de Vejby. Sa sœur, Ilka Müller, ingénieure, y possède une maison avec des ruches. Avec d'autres habitants, elle souhaitait développer une production coopérative de miel sous le label « Saveurs du Jutland du Nord » (*Smagen af Nordjylland*). Thessa me raconte comment elle a assisté avec sa sœur à la mort d'un village : « Vejby était une communauté dynamique du nord du Jutland. La localité comptait trois épiceries, un groupe d'artisans et de nombreux fermiers. La solidarité permettait une forme de troc, les pêcheurs et éleveurs prodiguant des aliments en contrepartie de services rendus. Le village possédait même sa propre équipe de football. La fête estivale rassemblait régulièrement cent cinquante personnes (dont cinquante habitants du village) pendant trois jours, comme en témoignent les archives locales. L'année dernière, elle n'a attiré que trente personnes et n'a duré qu'une demi-journée. Le gouvernement a supprimé les arrêts de bus régionaux et les élèves doivent désormais se rendre dans une école située à plusieurs kilomètres. » Dans la région du Jutland comme ailleurs, des bâtiments vides tombés en désuétude incarnent un abandon de l'espace et de ceux qui y vivent. L'argent manque localement afin d'investir dans des programmes de requalification ou de développement. Le gouvernement a préféré allouer des fonds pour détruire les habitations en ruine, espérant que le prix de l'immobilier augmente une fois les gravats retirés. Le phénomène de déshérence affecte les espaces ruraux, mais aussi les petites et moyennes villes à l'image de Nakskov, plus grande ville de l'île de

Lolland, souvent comparée à Youngstown ou Barnsley, ou de Sønderborg, localité de 75 000 habitants au sud du Jutland, qualifiée de « territoire perdu ».

Malgré des conditions difficiles, une « culture des marges » (*udkantskultur*), appelée aussi « rébellion des périphéries » (*oprør fra udkanten*), est née dans le Danemark de la banane pourrie. Des groupes Facebook, où les habitants expriment avec dérision la fierté qu'ils portent à leurs territoires, ont été créés. « Je vis à Esbjerg et j'ai choisi, figurez-vous, d'y habiter de mon plein gré. Ici, nous sommes ouverts aux autres, nous nous soutenons, nous nous rencontrons régulièrement dans des associations (*foreningsmæssigt*). Nous vivons à proximité de la nature et nous échappons aux relations superficielles des grandes villes » écrit une certaine **Susanne Elgaard Tagmos** qui travaille dans une entreprise de *coaching* sur la page *Udkantsdanmark*. « Si vous cherchez *Udkantsdanmark*, sachez que cela n'existe pas dans la vraie vie » assène avec humour Café Danmark. « Je pensais que vous parliez de la commune de Rødovre mais en fait le sujet semble être la banane pourrie ! (*rødne, rådne*) » commente **Torben Ruby**. Un « mouvement citoyen » a été créé par **Finn Slumstrup** et **Viggo Mortensen** pour soutenir le Danemark périphérique. En ligne, les critiques se concentrent sur la trop grande bureaucratie de l'administration, sur les privilèges réservés aux habitants de Copenhague, sur le coût des visites de la reine ou sur la fracture numérique persistante. À l'inverse, la plupart des *posts* insistent sur la qualité de vie hors des grandes villes, sur l'absence d'embouteillages, sur la présence de la nature, photos de paysages bucoliques et *smileys* jaunes à l'appui. L'une des pages Facebook les plus fréquentées, *Lolland-Falster Lovestorm*, dont le nom s'inspire des îles de Lolland et Falster, compte 22 900 abonnés. Elle a été créée en réaction à une série télévisée intitulée *På røven i Nakskov*, c'est-à-dire « Dans le trou du cul du monde de Nakskov », afin de contrebalancer l'image négative diffusée régulièrement à propos de la région. Un site Internet a été ouvert pour recenser les initiatives positives menées par les habitants et les ressources dont dispose le territoire. Outre les groupes locaux, des associations nationales ont également vu le jour à l'image du *think tank* « Le Danemark en équilibre » (*Danmark på vippen*) dont l'objectif est de proposer des solutions afin de contrebalancer le poids écrasant des plus grandes villes : accès à un crédit local *via* de petites banques, décentralisation des établissement d'enseignement supérieur, déménagement des emplois du secteur public, subsidiarité et autonomie dans l'urbanisme et l'aménagement pour les niveaux inférieurs, interpénétration entre l'expertise publique et privée, investissements dans les réseaux de transport et dans la réduction de la fracture numérique, évaluation coût/avantage pour une décision impliquant une plus grande centralisation…

Selon **Thessa Jensen**, le Danemark périphérique est un « Danemark des associations » (*foreningsdanmark*) d'où se dégage une ambiance conviviale et amicale : « Je trouve dans chaque petite ville ou quartier une myriade de groupes, collectifs, cafés, clubs qui promeuvent et organisent le vivre ensemble, la solidarité, l'ouverture culturelle. Les habitants ont l'impression de vivre en communauté et tentent d'expérimenter ensemble de nouvelles voies. La conscience d'avoir besoin des autres est très forte, ce qui crée des initiatives locales que des élus éclairés transforment en stratégies de développement. Un idéal romantique est né dans ces espaces. Vous pouvez l'expérimenter pour peu que vous vous ouvriez à ce que les habitants ont préparé pour vous. » *Udkantsdanmark* rimerait donc avec *Empowerment* ou *Do It Yourself*. Des groupes d'action locale se sont créés dans tout le pays. Le Jutland occupe une place particulière dans cette dynamique en raison d'une forte culture de l'entreprenariat et de l'association (*forenings – og iværksætterkultur*) contrastant avec d'autres régions qui comptent une majorité d'employés (*ansat-kultur*). La mentalité jutlandaise, très nouveau riche, se rapproche parfois de celle du Texas : « Inventons quelque chose et enrichissons-nous. » Les étrangers sont parfaitement acceptés du moment qu'ils participent au business.

Le Danemark périphérique, à force d'inventivité, devient même rentable. L'absence de déséconomies d'échelle (congestion, concurrence), de faibles loyers, une ouverture vers l'extérieur, des synergies étroites entre les différentes structures et une image « nature » sont autant d'atouts pour innover hors des métropoles. **Kaare Dybvad Simonsen**, auteur d'un livre intitulé *Les Mythes de la périphérie* (*Udkantsmyten*), en est persuadé : « Les régions en marge ont un potentiel de développement plus important que ce que vous pouvez imaginer. Nous sommes une économie très extravertie, dépendante de notre excédent d'exportation. Nos grandes entreprises performantes à l'international sont localisées pour la plupart à proximité des frontières, dans les provinces, notamment dans le sud ou l'ouest du Jutland, à l'instar de l'industrie manufacturière Danfoss, de l'entreprise d'éoliennes Vestas ou du géant du jouet Lego. Si les autorités publiques poursuivent la centralisation administrative, le risque est grand de voir ces groupes non déménager à Copenhague mais s'installer à l'étranger. » Les espaces de l'*Udkantsdanmark* jouent un rôle clé dans l'accueil et l'intégration des réfugiés ou dans le développement culturel. Des réussites peuvent déjà servir d'étendards dans les domaines du développement durable, de l'agriculture ou du tourisme. Esbjerg s'est reconverti dans les éoliennes offshore après avoir connu une importante déprise industrielle et une crise du secteur de la pêche. À Kalundborg (commune de 48 000 habitants), la symbiose industrielle continue d'assurer un important dynamisme économique, l'entreprise pharmaceutique Novo Nordisk employant 3 000 personnes. Le village de Klitmøller dans le nord du Jutland a attiré plusieurs jeunes entrepreneurs en devenant un relais mondial du surf suite à l'organisation d'importantes compétitions (PWA World Cup 2010). Des entreprises de l'île de Lolland, à l'image de Frederiksdal Kirsebærvin A/S, ont quant à elles développé un vin innovant à base de fruits fermentés (pommes ou cerises).

La capacité de résilience des habitants de l'*Udkantsdanmark* ouvre la voie à une pratique hétérodoxe de l'aménagement. L'obsession de la masse critique et des économies d'agglomération ont conduit jusqu'ici à considérer qu'agrandir et concentrer étaient souvent les meilleures manières de promouvoir. Une ou deux très grandes villes de rang européen devaient monter en compétitivité pour que la richesse produite se diffuse ensuite à l'ensemble des territoires. Le rôle des arrière-cours métropolitaines, venant combler un manque d'espace ou apporter une oasis récréative et résidentielle, est aujourd'hui largement reconnu. *A contrario*, la nécessité de construire des relais locaux, une gouvernance en réseau et une culture de la proximité reste trop souvent lettre morte. « Le fait qu'Aalborg développe un *hub* consacré aux jeux vidéo ne peut que dynamiser les villes et villages alentour » rappelle **Thessa Jensen**. Par leur créativité, les régions de la banane pourrie démontrent que l'innovation, tout en gardant un ancrage spatial très marqué, irrigue l'ensemble du Danemark sans qu'un quelconque effet de localisation ne devienne déterminant. La rencontre des habitants de la petite île d'Ærø, où débute notre dérive situationniste, brouillerait-elle un peu plus le modèle centre-périphérie révélant la rapidité des mutations dans le blanc apparent des cartes ? ■

SE CONFRONTER À SES MYTHES

Comment soupçonner qu'Ærø ait acquis une telle renommée quand tant de détours élisent ceux qui mériteront son accès ? À mesure que l'île approche, l'espace-temps se contracte : les lignes à grande vitesse françaises et allemandes, un train régional s'avançant sur le pont transbordeur de Rendsburg pour passer le canal de Kiel, un bus entre Flensburg et Sønderborg pour enfin gagner un embarcadère solitaire à Fynshav sur l'île d'Als. L'absence de pont relève de l'exception pour une île de la taille d'Ærø (88 kilomètres carrés), tant la continuité territoriale est une priorité absolue partout ailleurs au Danemark. Ici, les liaisons ferries avec la Fionie ou l'île d'Als existent depuis le XVIIe siècle. Trois villes, longtemps concurrentes, structurent l'espace : Søby, le port de l'ouest, ville de pêcheurs et de chantiers navals (premier employeur de l'île), Ærøskøbing, au nord, capitale administrative et ancienne cité marchande resserrée autour de son église, Marstal, à l'est, dont les rues étroites coulant vers la mer témoignent d'un riche passé maritime.

Tant de marins ont été formés à Ærø pour s'élancer ensuite par les détroits le temps d'un détour maritime à travers le monde. Pendant leur longue absence, lorsque la traversée les avait emportés ou pour protéger un futur voyage, leurs familles priaient dans les églises de l'île, où pendent encore des navires votifs. Dans les villages, les bateaux ont même fini en bouteille, ainsi miniaturisés par des marins revenus à terre à l'image de Peter Jacobsen dit « Flaske-Peter » dont les 1 700 maquettes remplissent aujourd'hui un petit musée. Arriver à Marstal suppose de se confronter à un passé qui aurait pu être écrasant, à de longs dithyrambes, à une immersion dans l'île des narrations. Les slogans touristiques de l'île témoignent de cette fierté légèrement grandiloquente : « Ærø, l'île sans pareille », « l'aventure commence à Ærø » ou encore « Il n'y a que de l'eau en dehors d'Ærø » (*Alt er vand ved siden af Ærø*).

J'allais donc suivre des souvenirs, en distinguer les traces, comprendre les voies de transmission. La famille, le patrimoine, l'éducation seraient mes guides dans l'épaisseur d'une grandeur audacieuse. En sortant du ferry sur le port de Søby, je rejoins à Græsvænge, dans l'est de l'île, la **famille Karlsen** avec laquelle je passerai les prochains jours. Marguerite est venue me chercher à l'embarcadère. « Mon nom est très connu au Danemark, précise-t-elle dans la voiture, en 1991, la reine Margrethe II a inauguré 3 600 kilomètres de routes au nom de sa fleur préférée. » Pourtant Marguerite Leroy Karlsen est bien française, comme en témoigne son appel à un ravitaillement clandestin d'ail rose de Lautrec en tresses, un trésor rare au Danemark. Marguerite a rencontré son mari Tommy en 1963 en Islande alors que celui-ci y effectuait une visite médicale. Huit jours de congé en deux ans pour les dix hommes de la patrouille Sirius qui inspectaient la côte est du Groenland sur des traîneaux à chiens. Tommy, aujourd'hui retraité, a acquis une grande expérience de la mer au sein de compagnies comme East Asiatic Company, Maersk ou Royal Greenland (devenue Arctic Umiaq Line A/S). Marstal constituait alors un berceau d'armateurs, de marins, de navigateurs jusqu'à devenir un haut lieu du référentiel maritime mondial. «J'ai même retrouvé des marins de l'île à Yokohama, au Japon, me confie Tommy. Un homme est entré dans le bar en demandant à l'assistance si quelqu'un était de Marstal. Où que nous soyons, nous finissons par nous rejoindre. » Les récits de rencontres à l'autre bout du monde font partie des légendes orales de l'île à l'image de ces deux marins qui se seraient croisés par hasard à Singapour. « Comment es-tu arrivé jusqu'ici ?, interroge l'un d'entre eux. – Par le ferry de Marstal », répond l'autre. La précision a son importance tant la concurrence latente est forte entre Marstal et Ærøskøbing. Les habitants préféraient souvent faire un détour plutôt que d'effectuer la traversée depuis la ville voisine.

Autour de la table familiale se trouvent Marguerite, Tommy, leur fille Katja, qui a quitté Aalborg pour revenir à Ærø travailler à l'école de navigation, son mari Knud, pilote d'avion pour l'armée danoise à Aalborg, et leurs filles Klara et Rose, 12 et 8 ans. L'insularité ne semble pas différente ici avec des jeunes qui partent souvent et reviennent parfois, un rôle important des traditions, des liens interpersonnels très marqués. Ærø ressemble à une petite communauté avec ses repères, ses codes, sa palette de signes fédérateurs. L'un d'entre eux consiste à lever l'index vers le haut pour saluer un automobiliste arrivant en sens inverse, sentiment garanti d'appartenir à un cercle d'initiés au bout des doigts.

Si une telle cohésion peut paraître doucereuse, elle s'avère pesante lorsque la loi de Jante est appliquée à la lettre. S'habiller de manière trop élégante à la fête d'été relève facilement de l'affront qu'un étranger s'installant à Ærø pourrait bien commettre… Les valeurs de l'île sont tout autres : ne pas faire de remous, ne pas attendre trop de la vie, accepter de souffrir, considérer la dureté du réel comme une manière de se rapprocher de Dieu. Le proverbe danois « Il faut fournir un travail avant de pouvoir en jouir » (*Man skal yde før man kan nyde*) résume bien cette rigueur protestante. Le contrôle social affecte le moindre rituel et la frontière de l'anodin est souvent rebattue. « Au Danemark, témoignent Marguerite et Tommy, il est courant de hisser un drapeau danois devant la maison afin de signaler la présence des occupants. Nous avons choisi de ne pas en mettre dans notre jardin. Nous devrions le lever le matin, le descendre au coucher du soleil, le retirer quand nous partons en voyage, pour ne pas risquer d'être mal vus : au final, un drapeau exige bien trop de contraintes. » Le rapport entre l'exhibé et l'intime semble très ténu. Comment interpréter les rétroviseurs accrochés aux fenêtres d'Ærøskøbing (*gadespejl*) offrant aux habitants une vue panoramique sur la rue sans même guetter derrière les rideaux ? Comment comprendre des rebords de fenêtres aménagés avec soin à l'aide de vases, de fleurs, de bibelots ? Ces deux chiens qui, lorsqu'ils se tournent le dos, indiquent un mari absent ? Ces étals spontanés où chaque foyer vend ce qu'il fabrique ou ce dont il se déleste ? Est-ce le signe d'une attention portée à sa maison couplée à l'assurance d'un comportement civil des passants, une manière pudique de répondre à l'indiscrétion tout en protégeant l'essentiel, une fierté ostentatoire à exhiber en vitrine ce que le foyer possède de plus beau ? Cette intertextualité à ciel ouvert fascine en tout cas, tant les villes et villages se donnent constamment à lire.

Marguerite et Tommy ont vu Ærø changer. Le port de Marstal était encore, après la Seconde Guerre mondiale, un point de convergence pour des caboteurs d'Allemagne, de Suède, des Pays-Bas ou du Royaume-Uni. Jusqu'en 1999, les retraités du village avaient l'habitude de se rendre dans la ville allemande de Kiel en passant par l'île voisine de Langeland. Ils pouvaient ainsi profiter des prix moins chers sur le tabac, l'alcool et les cosmétiques ainsi que des boutiques *duty-free* à bord. Depuis 2013, plus aucun ferry ne part de Marstal, les seules liaisons étant proposées à partir de Søby ou Ærøskøbing. Les services publics peinent à se maintenir. Les soins médicaux les plus élémentaires sont assurés dans un dispensaire de la capitale Ærøskøbing. L'accès à un hôpital suppose un transfert en hélicoptère vers Svendborg ou Odense en Fionie. Marstal n'a gardé que l'une de ses trois écoles primaires. Les chantiers navals (Marstal Værft A/S), léthargiques, fonctionnent au ralenti. Entre 2010 et 2016, onze familles (soit vingt-cinq enfants) se sont néanmoins installées sur Ærø. De nouvelles activités ont émergé notamment, comme dans plusieurs autres îles du pays, l'accueil de cérémonies de mariage (deux mille environ en 2015). Exerçant dans des secteurs alternatifs ou créatifs, des professeurs de yoga, masseurs, peintres, galeristes ont emménagé afin de bénéficier de la quiétude du site tout en profitant de la dynamique touristique. Une brasserie de rhum a même ouvert dans le village de Rise (Rise Bryggeri). Le tourisme occupe aujourd'hui une place importante dans l'économie de l'île considérée comme l'une des plus belles du Danemark. À Ærøskøbing, malgré quelques maisons délavées, les portes peintes sont régulièrement lustrées.

L'âge d'or en partie fané du port de Marstal semble faire l'objet d'une puissante nostalgie que je devais explorer avec deux mémoires locales : **Karsten Hermansen**, écrivain, et **Erik Boye Kromann**, directeur du musée maritime. Karsten Hermansen possède un petit bureau au dernier étage de l'aile administrative du musée. Il est l'auteur de plusieurs livres sur l'histoire locale et a conseillé l'écrivain Carsten Jensen pour son livre *Nous les noyés*. « Karsten aura sûrement la réponse » assène-t-on à chacune de mes questions. J'imagine un vieil homme, empli de la sagesse de ses années, assis sur un fauteuil au milieu de sa bibliothèque. L'historien que je rencontre n'a en réalité que 45 ans. Erik Boye Kromann, chemise ample, tient quant à lui du loup de mer solitaire prêt à raconter ses périples les plus lointains. Conservateur du musée le plus important de l'île, il est aussi marin, écrivain, journaliste et homme politique. Son grand-père a quitté l'île à 14 ans pour naviguer et n'est revenu qu'à 18 ans. Il s'est ensuite inscrit à l'école de navigation de Marstal malgré un daltonisme, le médecin acceptant de lui délivrer un certificat d'aptitude : « Je sais que vous voulez être marin donc j'écrirai sur le dossier que vous voyez parfaitement. »

Erik m'entraîne dans les différentes salles d'exposition, certaines reproduisant l'intérieur de navires du début du XXe siècle. Le musée conduit des travaux d'agrandissement cofinancés par la fondation de l'entreprise Maersk qui a largement contribué à la valorisation du patrimoine de l'île sur le modèle d'autres fondations actionnaires (Carlsberg ou Novo Nordisk). Progressivement, en visitant le musée, je comprends que ce qui a poussé les habitants à innover n'est rien d'autre que les obstacles qu'ils ont rencontrés. Marstal a démontré une forte capacité d'adaptation dans le passage de l'agriculture et de la pêche à la construction de navires et à l'armement, des petits navires à voile aux caboteurs à moteur, de la navigation côtière aux rotations transatlantiques. En 1808, Marstal se trouve au cœur des tribulations géopolitiques du nord de l'Europe comme point stratégique dans les guerres qui opposent Napoléon au Royaume-Uni. L'armée britannique bombarde de vingt boulets de canon les cinquante navires à quai (sur cent quarante-neuf enregistrés dans le port), beaucoup d'entre eux acheminant alors du grain depuis la mer Baltique vers la Norvège. Avec la perte de cette dernière en 1814, les habitants doivent explorer de nouvelles voies économiques, d'autant que les parcelles sont trop limitées à l'intérieur des terres pour pratiquer l'agriculture. Établir des liaisons avec des pays plus éloignés devient nécessaire en raison du faible dynamisme des économies européennes. En 1825, des habitants de Marstal construisent eux-mêmes un môle de pierre de 1 065 mètres de long. Six jours plus tard, ils créent une compagnie maritime d'assurance. Progressivement les chasse-marée sont remplacés par des goélettes (*schooners*) afin d'assurer les échanges vers la Russie, les Pays-Bas, l'Espagne mais aussi l'Amérique du Sud. Dans les années 1880, des îliens inventent un nouveau type de navire à trois mâts, le « Marstal », proche du barquentin. À la fin du XIXe siècle, des rotations débutent avec Terre-Neuve pour acheminer la morue salée vers l'Europe tout en évitant aux navires transportant du bois vers l'Islande et les îles Féroé de rentrer à vide. Cette période marque l'apogée de Marstal : 334 navires sont enregistrés dans le port en 1893. La fin de la navigation à voile, l'émergence du navire à vapeur puis à moteur et les deux guerres mondiales entraînant la mort de nombreux marins affectent l'économie locale. Après la Seconde Guerre mondiale et jusqu'à la fin des années 1980, les chantiers navals construisent malgré tout une vingtaine de caboteurs utilisés pour transporter des marchandises diverses ou des voitures, mais la conteneurisation éclipse rapidement leurs activités.

Karsten Hermansen perçoit la réussite de Marstal comme le résultat d'un trait de caractère de ses habitants : « À Marstal, nous avons toujours eu un sentiment d'indépendance, la sensation que nous devions créer notre propre affaire. La construction du môle s'est faite initialement sans l'accord du roi du Danemark. Nous vivons sans doute dans la localité la plus conservatrice du pays mais aussi celle où l'égalité triomphe le plus : ici, paradoxalement, tout le monde peut prétendre devenir capitaine ou acquérir son propre navire. » Carsten Jensen a parfaitement perçu la capacité de mobilisation des habitants de Marstal dans son livre *Nous les noyés*. Il raconte le combat des veuves et des épouses de marins pour donner un nouveau souffle au port alors que l'avenir de celui-ci est menacé par le passage de la voile à la vapeur. Elles s'en réfèrent à Frederik Isaksen, consul danois à Casablanca, qui travaille pour un courtier maritime français connu. Celui-ci réunit les armateurs, les capitaines et les seconds rentrés au port et leur rappelle en quelques mots ce qui fait leur force : « Marstal a un grand avenir parce que la ville a un grand passé. L'un n'est pas toujours la garantie de l'autre, car la tradition peut aussi être un poids. Parce qu'une méthode a marché une fois, nous croyons qu'elle marchera toujours. C'est comme cela que l'on reste bloqué dans le passé et qu'on rate le coche de l'avenir. Mais Marstal, c'est autre chose. Vous avez créé votre propre type de bateau, en lui donnant le nom de votre ville, cette coque à l'arrière en forme de cœur et à l'étrave arrondie et dodue. Vous avez tâtonné jusqu'à trouver ce qui convenait le mieux à votre projet. Votre tradition, c'est l'esprit d'entreprise. [...] Volonté de survie, inventivité, constance, clairvoyance et avant tout capacité à s'unir autour d'un projet irréalisable par un individu isolé. Cela faisait cinq doigts, une main entière. C'était la main même de l'esprit d'entreprise, qui savait saisir la chance lorsqu'elle se présentait. »

Afin de mieux comprendre la synergie propre à Marstal entre mémoire des temps anciens et nouveaux rapports à la mer, je décide de terminer mon voyage à Ærø par une journée à l'école de navigation (*Marstal Navigationsskole*). Menacée de fermeture par le gouvernement en 1999, elle a pu être maintenue suite à une mobilisation sans précédent des îliens (environ 2 000 d'entre eux sont partis manifester à Copenhague). Elle accueille un peu plus de 300 étudiants et élèves et associe 5 000 participants à des formations continues en présentiel ou en ligne. La plupart des étudiants ne viennent pas de l'île et y resteront le temps de leur formation (seuls 10 % d'entre eux trouveront un travail à Ærø). Sur place, je rencontre Jens Naldal, le directeur de l'école, et Henrik Hagbarth Mikkelsen, enseignant.

Jens Naldal, notable affairé de l'île, s'excuse de son retard. Ce matin, il participait à une réunion aux chantiers navals de Søby avec le ministre danois du Commerce et de la Croissance, Troels Lund Poulsen, dont le portefeuille comprend entre autres la gestion des zones rurales et des îles. « Vous avez vu, nous avons été lauréat de l'initiative de l'année 2015 avec notre projet de ferry écologique » précise fièrement le directeur en exhibant le trophée. Je l'interroge alors sur les axes pédagogiques de l'école et sur les causes d'un tel dynamisme. « Nous mettons en valeur une navigation artisanale et l'utilisation du bon sens. Avec les GPS, il est facile d'aller d'un point A à un point B mais entre les deux, il faut savoir faire face aux problèmes rencontrés. Nos élèves doivent penser par eux-mêmes et en dehors des cadres. Pour cela, nous privilégions les situations pratiques à des enseignements théoriques trop académiques. » Cette approche plus traditionnelle n'empêche pas une forte capacité d'adaptation à la mondialisation : « Les marins danois sont plus chers que les Philippins ou les Indiens alors pourquoi les employer ? Ici, nous leur apprenons une démarche holistique et systémique. Accroître la vitesse ou arriver au port de jour, quels coûts supplémentaires cela peut-il engendrer pour la compagnie ? Ils doivent comprendre que leurs actions ont un impact direct sur l'ensemble de la stratégie commerciale et sur la rationalisation du modèle financier. » L'approche globale répond à une certaine distance avec les notions d'autorité, de pouvoir et de leadership : « Le capitaine lui-même n'est pas parfait. Il peut faire des erreurs qui doivent être corrigées le plus rapidement possible. Prendre en compte les remarques de chacun permet à l'ensemble du système de mieux fonctionner. »

Henrik Hagbarth Mikkelsen, qui enseigne la navigation, la logistique maritime et les mathématiques, pense que les étudiants de l'école sont prédisposés à une culture de l'entreprenariat : « La plupart des élèves viennent d'une famille de marins, de pêcheurs, de navigateurs ou de capitaines. Gérer un navire ou en posséder vous transforme nécessairement en entrepreneur. Les marins doivent être préparés à prendre des risques pour monter leur entreprise, tenir leurs comptes, mais aussi pour maîtriser une route. Sur mer, pas de place pour de longs débats, il faut s'adapter dans l'instant à l'imprévu et utiliser son esprit pour s'en sortir de la meilleure manière. Essayer de nouvelles voies n'effraie donc pas nos élèves. »

L'école est remplie d'instruments de mesure, de vieilles cartes, de maquettes de navires. L'écrin moderne de la structure contraste avec une ambiance de cabinet de curiosités, çà et là des vitrines, des tableaux, des maquettes… Une école en apparence d'un autre temps où le 2.0 explose discrètement. Des simulateurs de navigation permettent d'acquérir les meilleurs réflexes en fonction des conditions météorologiques, de la zone géographique ou du trafic maritime environnant. Depuis le ralentissement des chantiers navals et la fin des rotations de ferries, l'école est devenue l'épicentre de la ville. Dans une localité d'un peu plus de 2 000 habitants sont formés les futurs marins de Maersk. Alors que je partais vers un bout du monde, attendant le ferry à Fynshav, je trouvai une communauté ouverte sur la mondialisation, un faisceau de réseaux convergents.

Le lendemain est mon dernier jour à Ærø. Le matin, j'attends avec impatience le petit déjeuner pour prendre une tranche d'havarti (un fromage danois) avec un peu de confiture aux fruits rouges. Marguerite m'emmène en voiture, nous passons le long des cabanes de plage multicolores aux toits de chaume de Marstal puis près de celles d'Ærøskøbing. Nous remontons une pointe longue empruntant le *Vestre Strandvej* pour admirer le paysage. Mon ferry passe derrière les arbres embrumés de la baie. Doucement, nous rejoignons le centre qui fait émerger des souvenirs : l'hôtel où l'on pouvait danser, la boutique des gaufres au sucre, une ancienne boulangerie. Nous descendons les rues pavées aux portes colorées, puis gagnons le bord de mer où s'échelonnent des jardins à l'arrière des maisons, parfois assortis d'un drapeau de la ville qui ressemble à s'y méprendre au drapeau lituanien. Passée la voie longeant le portail des jardins, la route débouche parallèlement à la mer sur le chemin des amoureux. Nous nous en amusons une dernière fois avec Marguerite : « Quand l'eau est basse, avec le varech, ça sent quand même très mauvais. » ■

CHAPITRE II

L'INVENTION DES TRADITIONS

PAYSANS D'HÉRITAGE

Nykøbing Mors sur l'île éponyme posée au milieu du Limfjord est la ville idéale pour appréhender le Danemark d'avant 1960. J'ai loué quelques heures plus tôt une voiture à l'aéroport de Karup, une aérogare au milieu des champs entourée d'un parking aux places vides. La sortie de la zone asphaltée est sans doute le dernier rond-point que je verrai avant d'entrer dans l'automatisme de la ligne droite. Ici encore, plusieurs bifurcations sont possibles. Plus tard, il faudra choisir entre Herning et Viborg, quelques routes du réseau secondaire s'étirant en peigne vers la droite. Des fermes à la taille significative et des silos alternent avec les bosquets. Progressivement, je croise des églises entourées de murs blanchis à la chaux, comme la vieille église de Skive (*Vor Frue Kirke*), témoignages de la division fondamentale du pays en paroisses (*sogne*). Nykøbing est la ville où a grandi Aksel Sandemose et qui l'a sans doute inspiré pour créer sa localité fictive de Jante, où régneraient le poids des traditions, l'immobilisme et le conservatisme. La ville est posée au nord du Jutland, dans une région périphérique de la « banane pourrie » danoise.

Jens Smærup Sørensen connaît bien le nord du Danemark puisqu'il est né à Staun (Landsby Staun), une petite localité au bord d'un bras oriental du Limfjord (le Nibe Bredning), à 35 kilomètres à l'ouest d'Aalborg. Écrivain, académicien, il est l'auteur de plusieurs ouvrages dont *Jours mémorables* (*Mærkedage*) pour lequel il a reçu en 2008 le Golden Laurel (*De Gyldne Laurbær*), l'équivalent danois du prix Goncourt. Il m'accueille dans une maison cossue aux vitres transparentes au pied d'une immense bibliothèque. « Vous avez des origines danoises sans doute ? » me demande-t-il, presque étonné que je m'intéresse à son pays. Ses romans explorent l'histoire locale du Jutland et les traditions familiales de l'espace rural danois.

Les campagnes danoises ont connu une première évolution sous l'influence du pasteur Grundtvig. En quoi son enseignement a-t-il contribué à la réussite du Danemark sur le plan agricole ?

Vous avez dû entendre parler des hautes écoles populaires (*folkehøjskoler*), dont la première a été fondée en 1844 à Rødding, dans le sud du Jutland. Inscrits à l'école de leur village jusqu'à 14 ans, les enfants des campagnes ont eu, dès cette époque, la possibilité de passer six mois dans ces nouvelles écoles comme pensionnaires. Des centaines de milliers de jeunes ont ainsi suivi un enseignement qui leur a délivré deux messages fondamentaux : vous êtes danois et Dieu vous aime. Jusque-là, l'horizon des paysans était limité à la vie de leur village mais, grâce à ces cours, ils ont compris qu'ils faisaient partie d'un plus grand ensemble, le royaume du Danemark, qu'ils représentaient l'âme et l'avenir de leur patrie et qu'en cela, ils avaient des raisons d'être fiers. Dans les paroisses, au cours des offices religieux, la plupart des sermons insistaient sur une nécessaire obéissance et soumission à Dieu. L'enseignement de Grundtvig ouvrait au contraire les habitants à une bienveillance qui se portait à tous, même aux plus petits paysans, avec l'objectif d'éveiller l'esprit du peuple. Le renversement de perspective était absolu : placer l'être humain et non la seule quête de vie éternelle au centre de la foi, considérer la vie terrestre comme un cadeau précieux de Dieu et permettre à l'homme de l'accepter et d'en prendre soin en menant une vie joyeuse et active sur terre (« *Et jævnt og muntert, virksomt liv på jord* »).

Après leur passage dans les écoles grundtvigiennes, les agriculteurs danois étaient mentalement prêts à prendre collectivement leur destin en main. Elles leur ont permis de se rencontrer, de communiquer, d'acquérir une forme de culture démocratique et de se sentir investis d'une responsabilité sur le plan national. Ils ont monté des abattoirs, des laiteries, des firmes et des coopératives afin d'acheter ensemble ce dont ils avaient besoin (matériels agricoles, fertilisants, engrais), de commercialiser et d'exporter leurs productions. La plus ancienne coopérative danoise, Thisted Arbejderforening (l'Association des travailleurs de Thisted, au Jutland), a été créée en 1866 et est toujours en activité aujourd'hui. Les premières coopératives ont surtout commercialisé du blé, avant de subir une forte concurrence venant de Russie et d'évoluer vers la fin du XIXe siècle en coopératives laitières puis en coopératives agricoles couvrant tous les secteurs, notamment l'élevage de porcs. L'exportation de bacon vers l'Angleterre a longtemps représenté une ressource considérable pour l'agriculture danoise. Ces structures mutualisées se sont progressivement étendues jusqu'à posséder leurs propres banques, compagnies d'assurances, sociétés immobilières. L'agriculture intensive a contribué à la prospérité du pays, ce qui explique que le Danemark ait connu une industrialisation retardée.

Dans vos livres, notamment *Jours mémorables*, paru en 2007, vous suivez des familles de paysans jutlandais sur plusieurs générations. À quels moments avez-vous vu la société rurale danoise changer ?

Je suis né à la campagne en 1946 de parents fermiers. Jusqu'à mes dix ou douze ans, l'agriculture se pratiquait encore « à l'ancienne », avant que la mécanisation et l'achat des premiers tracteurs ne modifient profondément les modes de production. Nous avons alors eu moins besoin de main-d'œuvre pour le travail des champs et des étables et avons vendu une grande partie de nos chevaux. Dans le tournant des années 1950/1960, environ 500 000 fils et filles de fermiers ou employés agricoles ont quitté la campagne pour trouver un travail en ville dans l'industrie, l'administration et les services, l'État providence se structurant à cette époque.

1960 est une date historique : pour la première fois depuis cinq mille ans, l'agriculture cessait d'être le secteur économique le plus important au Danemark. Ce basculement est tardif en comparaison avec d'autres pays européens, l'agriculture danoise, fortement exportatrice, restant très performante.

Vous-même quittez la campagne à cette époque comme beaucoup de jeunes de votre génération ?

Je fais partie des jeunes nés à la campagne qui sont rapidement entrés dans le système éducatif. Je n'ai pas fait autre chose que ce que le gouvernement attendait de moi. Le pays avait besoin de profils disposant d'une formation plus approfondie. Je me suis alors efforcé de tourner le dos à mon ancienne vie. À Aalborg, au lycée, mes professeurs m'ont appris, selon leur expression, à parler « un danois correct ». Un jour, en revenant à Staun, j'ai parlé une langue étrange, étrangère, c'est-à-dire danois. Mes parents étaient si surpris de ce qu'ils venaient d'entendre qu'ils n'ont pas commenté d'un seul mot ma métamorphose. À l'époque, je n'ai pas réalisé combien ma mutation constituait un acte brutal vis-à-vis d'eux. Ils ont dû croire que je reniais leur style de vie, leurs racines et finalement que je les rejetais eux-mêmes. Je voulais tellement être moderne…

Vous évoquez souvent une « culture des villages », qu'entendez-vous par là ?

Cette culture était inculquée dès l'enfance. Les parents formaient leurs enfants à être de bons paysans. Ils devaient apprendre à travailler dur, à rester fidèles à la ferme, à ne pas trop s'écarter de la vie de leurs ancêtres. « Soyez adultes, disaient les parents, rentrez dans la communauté ! » Il ne fallait surtout pas penser que nos idées étaient bonnes parce qu'elles étaient nouvelles : les manières de penser et de faire qui avaient résisté à l'épreuve de plusieurs générations étaient forcément les meilleures. Aujourd'hui, il est plutôt bien vu de prendre une voie différente de celle de ses parents. Dans les villages, les enfants devaient suivre et perpétuer le chemin des traditions. La société était marquée par une grande stabilité. En cas de rébellion, certaines familles pouvaient avoir recours à la violence : des gifles pour « apprendre » comme on disait à l'époque. Comme il était assez naturel pour un adolescent de vouloir se construire loin de ses parents, les jeunes étaient envoyés comme employés dans une autre ferme pendant quelques années, le temps de se confronter à des pratiques de travail différentes. Ce détour en forme de concession devait naturellement déboucher sur une acceptation de la vie qui avait été conçue pour eux. Les écoles populaires de Grundtvig pouvaient certes offrir de nouvelles perspectives. Malheureusement, elles faisaient aussi l'objet d'une instrumentalisation par les familles : quand les enfants tombaient amoureux d'un mauvais parti, les parents voyaient d'un bon œil un éloignement de quelques mois susceptible de mettre un terme à une relation indésirable.

Aujourd'hui, presque rien ne subsiste dans notre mode de vie de cette « culture des villages » mais nos habitudes ne représentent qu'une infime partie de nous. Au fond, nous ne sommes pas différents de nos ancêtres : le besoin d'être aimé, la tendresse portée à nos enfants, la peur de la mort, tout ceci reste atemporel. Je pense que la modernité n'a pas trouvé de réponses durables à ces questions fondamentales. Nos parents et grands-parents étaient sûrs que leur vie avait été une réussite quand ils avaient bien fait leur travail, cultivé leurs champs et transmis l'exploitation à leurs enfants. Ils pouvaient alors mourir sereinement et être persuadés d'avoir fait ce qu'ils devaient faire. L'intégration dans une chaîne générationnelle donnait en quelque sorte un sens à leur vie. Le sentiment du devoir accompli envers son voisin, sa famille et Dieu constituait le seul repère. Notre existence nous prive du sentiment d'avoir fait assez dans notre vie. Des exigences devenues démesurées, une quête sans but et sans fin traduisent l'absence de mesure et l'impossibilité de dire que ce que nous avons réalisé nous suffit, que nous nous en contenterons.

Le Danemark compte beaucoup d'écomusées dont certains sont très connus à Aarhus (*Den Gamle By*) ou à Odense (*Den Fynske Landsby*). Est-ce le signe d'une nostalgie pour les temps anciens ?

Ces espaces recouvrent certes une part de réalité mais ils traduisent aussi une reconstruction romantique de la vie de nos ancêtres. Les touristes peuvent y voir des boulangers travaillant soi-disant « à l'ancienne ». Le passé paraît idyllique, à coup de cartes postales, l'objectif étant avant tout de faire rêver. Ce n'est en aucun cas une représentation fidèle de la vie des villages. La plupart de ceux qui s'y rendent le savent : la vie à la campagne était aussi marquée par les maladies, les mauvaises odeurs et le manque d'hygiène. Vous ne pouvez pas imaginer à quel point les rues d'autrefois sentaient mauvais. Les Français ne sont peut-être pas aussi enclins à la sentimentalité que les Danois : ils sont moins dupes des mensonges du passé.

Avec Jens Smærup Sørensen, je mesure à quel point la mutation des campagnes danoises a été intense et rapide. En 1910, Aksel Sandemose dénonçait une société nord-jutlandaise archaïque et rigide. Les villages étaient imprégnés d'une très grande pauvreté. Cinq décennies plus tard, le Danemark devenait une société industrielle moderne. À la fin du XXe siècle, des businessmen à la campagne ne tardaient pas à remplacer les derniers fermiers. La volatilité des prix agricoles et un important soutien étatique conduisaient les agriculteurs à réorienter leurs investissements. Un prix de l'espace se substituait au prix de la terre et les champs se remplissaient d'éoliennes, de panneaux solaires, d'unités de méthanisation, à mesure que se dessinait le visage des nouveaux ruraux. ■

LES NOUVEAUX RURAUX

L'île de Samsø que je m'apprête à visiter est encastrée au nord des détroits qui concentrent la plupart des installations offshore de la mer Baltique, à mi-chemin entre Aarhus et l'île de Seeland. Elle condense sur un petit territoire le visage protéiforme des nouvelles campagnes danoises. Entrer dans la plus vieille boutique de l'île, l'épicerie fine du Vieux Marchand (*Købmandsgård*) sur le port de Ballen, suffit pour se rendre compte à quel point le travail de la terre a structuré le tissu économique local : confitures de fraises ou de kiwis, huile de colza, fromages, conserves de concombres, cornichons, courges, betteraves et choux rouges. L'insularité a créé ce que nous appelons en France un terroir. Depuis la fin des années 1990, l'entreprenariat a pourtant gagné le conservatisme paysan, l'investissement dans les énergies vertes remplaçant la production de lait et l'élevage de porcs. Jamais auparavant une île danoise n'avait autant fait parler d'elle dans la presse étrangère. Samsø a poussé si loin l'écho systémique de la durabilité, qu'elle constituerait presque le pendant rural de sa voisine Kalundborg, berceau de l'écologie industrielle. Dans la commune de 48 000 habitants de Seeland, d'où partent les ferries vers l'île, la symbiose entre besoins de matières premières et recyclage des déchets est presque née par hasard. La raffinerie Statoil, l'une des plus grandes du pays, y avait été construite dès 1961 avec un fort besoin en eau douce pour la transformation du pétrole en essence, sans que les ressources du fjord ou des nappes phréatiques ne s'avèrent suffisantes. La municipalité avait alors accepté que l'entreprise puise l'eau du lac Tissø, à 12 kilomètres au sud-est, à condition qu'elle soit réutilisée pour refroidir une centrale thermique attenante souhaitant s'agrandir. En échange, la centrale vendrait de la vapeur à la raffinerie pour une somme modique afin de chauffer le pétrole et de le fluidifier. Le principe d'un cycle vertueux venait d'être mis en pratique à partir d'un obstacle concret. Samsø, laboratoire de la transition énergétique, traduit elle aussi à la mesure près le rythme échelonné des innovations danoises : une difficulté exigeant une réponse rapide et pragmatique, l'application d'une solution à grande échelle, la mobilisation des réseaux locaux, l'évaluation des effets directs et induits, l'extension progressive de la dynamique.

Le gouvernement danois a réalisé un tournant à 180 degrés sur le plan énergétique. En 1972, le Danemark était encore l'un des pays de l'OCDE les plus dépendants du pétrole. La crise a conduit à plusieurs interdictions sur les déplacements automobiles. Le gouvernement voulait alors garantir son indépendance énergétique, stimuler les activités d'exportation des entreprises vertes pour créer de nouveaux débouchés économiques et répondre aux revendications écologiques très fortes parmi la population. Cette politique permettait une combinaison très danoise : être utile à l'humanité en trouvant des solutions concrètes pour un développement plus durable tout en dégageant plus prosaïquement d'importants bénéfices.

À l'arrivée au terminal maritime, à l'écart du petit port de Ballen, peu d'indices laissent présager une telle référence écologique. Seule une voiture électrique Færgen, du nom de la compagnie ferry, est câblée à une borne de recharge. Pas une éolienne, peu de panneaux solaires visibles sur les toits, le paysage n'est pas très marqué jusqu'à ce que se détache un bâtiment design en bois au fond d'une longue allée : l'académie de l'énergie. J'ai rendez-vous avec **Søren Hermansen**, le directeur, et deux de ses collaborateurs, **Jesper Roug Kristensen** et **Malene Lundén**.

Søren Hermansen, ancien enseignant en sciences de l'environnement et fermier originaire de l'île, est devenu un homme pressé. Il part après notre entretien pour Washington où il s'apprête à parler devant le Congrès américain. Il a d'ailleurs été élu, parmi d'autres titres, « héros de l'environnement » par le magazine américain *Time* en 2008. L'année suivante, il a reçu le prix Göteborg pour le développement durable, considéré comme le Nobel récompensant les initiatives menées pour l'environnement. Il a coécrit en 2011 avec le chercheur danois Tor Nørretranders un livre traduit deux ans plus tard sous le titre *Commonities = commons + communities*, évoquant sous le néologisme de « commonité » l'avenir de communautés gérant les biens communs de l'humanité.

L'engagement de Søren Hermansen débute à l'occasion de l'application du quatrième plan énergétique du gouvernement de Poul Nyrup Rasmussen qui fixe l'objectif de 35 % d'énergies renouvelables dans le mix énergétique du pays à l'horizon 2030. Le texte annonce la désignation d'une zone dédiée à l'expérimentation de la transition énergétique. En 1997, une vingtaine de sites sont pressentis et une compétition est lancée à laquelle participent les îles de Læsø, Samsø, Ærø, Møn et la péninsule de Thyholm. Le plan directeur élaboré à Samsø grâce au soutien d'un ingénieur de l'université d'Aarhus et d'un cabinet de conseil est finalement retenu. L'île doit devenir autosuffisante en énergie en dix ans sans aides financières étatiques. La municipalité, l'agence locale de développement économique (Samsø Business Forum), l'association représentant les agriculteurs (Samsø Farmers Association), les autorités régionales du Jutland-Central se mobilisent en créant une association dont Søren devient le président. Il perçoit l'initiative nationale comme une occasion de relancer l'économie locale. En 1999-2000, les abattoirs de porcs Danish Crown à

Ballen, principal employeur privé de l'île, transfèrent en effet la production sur le continent en laissant 70 personnes sans travail.

Depuis, le mix énergétique a considérablement changé : 60 % de l'énergie produite provient des éoliennes onshore et offshore, 30 % de la transformation de la biomasse et 10 % d'autres sources dont le solaire. 100 % de la consommation électrique des habitants est assurée par les éoliennes terrestres de l'île et 70 % du chauffage provient d'énergies renouvelables principalement générées à proximité des villages. L'île possède un bilan carbone 100 % neutre grâce à une compensation des émissions liées au transport par l'exportation de l'énergie produite dans le champ offshore. De nouveaux objectifs, plus ambitieux, ont été fixés dans le cadre d'un plan d'action à moyen terme : d'ici à 2030, Samsø doit proscrire totalement toute énergie fossile (voitures et ferries électriques, bus et tracteurs fonctionnant au biogaz, conversion des chauffages individuels...).

Pour recomposer les activités de l'île autour d'une économie plus durable, plusieurs structures parapluies ont progressivement été créées, ce qui amuse Søren : « Au Danemark, nous créons des associations (*foreninger*) pour tout et tout le temps. Nous avons d'abord fondé une agence de l'énergie et de l'environnement (1997), une compagnie locale de l'énergie (1998) puis une agence de l'énergie (2005) qui gère l'académie où nous nous trouvons. » Plusieurs sites de production, principalement localisés dans la partie sud de Samsø, sont visibles sur une carte à l'entrée du bâtiment : onze éoliennes onshore réparties sur trois champs, dix éoliennes offshore concentrées sur le littoral méridional, quatre centrales thermiques dont l'une au nord est alimentée par des panneaux solaires et les trois autres par des copeaux de bois ou par la paille résiduelle issue de l'agriculture. Ces infrastructures ont été financées par les autorités locales et régionales mais aussi par les citoyens eux-mêmes dans le cadre d'un plan de financement mixte et innovant.

Si les centrales thermiques alimentant en électricité les principaux villages de l'île sont en partie exploitées par des entreprises privées nationales ou locales, les éoliennes associent plusieurs régimes juridiques différents. Sur les onze éoliennes terrestres établies sur l'île, neuf appartiennent à des agriculteurs et deux sont gérées collectivement au sein de coopératives. Les dix éoliennes offshore se divisent en cinq éoliennes appartenant à la municipalité de Samsø, trois à des propriétaires privés, une à une coopérative de petits investisseurs et la dernière à une entreprise privée nommée Difko I/S. 90 % des éoliennes appartiennent donc au total aux habitants qui ont en moyenne investi 15 000 euros chacun suivant deux formes de contribution. Une première dynamique a consisté à vendre des éoliennes à des agriculteurs acceptant d'investir d'importantes sommes d'argent (jusqu'à 800 000 euros par éolienne), l'État garantissant un prix minimal élevé de rachat de l'énergie pendant dix ans (0,8 centime par kilowattheure) et des dérogations fiscales. Parallèlement, 450 agriculteurs et habitants ont pu acquérir 5 400 parts dans des éoliennes onshore avec des prix d'appel à 400 euros et une moyenne de dix parts par personne achetées. Un accord a été passé avec les deux banques opérant à Samsø : celles-ci accordent des prêts avantageux pour l'achat de parts qu'elles détiennent le temps que le prêt soit remboursé. Le retour sur investissement est ensuite de 10 à 12 % par an. Les éoliennes sont alors gérées par l'intermédiaire d'une coopérative (Samsø Vindenergie).

Le système des coopératives pour la production d'énergie éolienne se développe de plus en plus au Danemark, leader mondial dans ce type de structure avec 2 000 éoliennes sur 5 200 détenues par des associations locales. Une partie du site offshore de Middelgrunden sur le détroit de l'Øresund appartient par exemple à 30 000 souscripteurs. Une loi nationale pour la promotion des énergies renouvelables, entrée en vigueur en 2009, prévoit d'ailleurs que tout développeur privé offre au moins 20 % du capital aux riverains résidant dans un périmètre de 4,5 kilomètres autour du futur parc. Cette mesure permet d'accentuer le soutien de la population et diminue les effets Nimby, les agriculteurs disposant d'une éolienne dans leur paysage quotidien pouvant toucher une partie des bénéfices qu'elle génère. Un tel système composite n'a pas été facile à monter comme le rappelle Søren Hermansen : « Pour les dix éoliennes offshore, nous devions associer des entreprises privées, des particuliers, des acteurs publics et une coopérative. Or la loi prévoyait qu'un champ soit géré par une seule et même structure. Nous avons obtenu d'utiliser les mêmes assurances, les mêmes contrats pour des entités de natures juridiques différentes. Nous parlons à présent d'un modèle de Samsø. »

Ces différentes innovations organisationnelles reposent sur un haut degré de confiance selon Søren : « Les Danois sont très pragmatiques et réalistes. Si je peux tirer un avantage d'une collaboration et vous aussi, nous pourrons travailler ensemble. Si vous avez une bonne idée, je commencerai par vous écouter et non par penser que vous pouvez me léser. La confiance engendre aussi une forte responsabilité sociale et une approche holistique. Le développement individuel n'est pas envisageable si son voisin n'est pas satisfait. » Les projets d'énergies renouvelables sur l'île ont été préparés par un long travail de concertation comprenant environ 500 réunions. En ancien paysan, Søren a trouvé les mots adaptés pour convaincre les agriculteurs des avantages qu'ils auraient à tirer d'une conversion. Il a rencontré les organisations professionnelles, notamment la représentation des agriculteurs (Samsø Landboforening), a rendu visite personnellement aux personnes relais au sein de la communauté locale pour s'assurer de leur soutien.

Malene Lundén, son épouse, chef de projet au sein de l'académie, a elle aussi suivi la concertation. Artiste de formation, elle est diplômée de photographie documentaire en Suède et a suivi une formation de psychothérapie. Elle a cherché en amont du projet à mieux sonder le ressenti des habitants et de leurs représentants (notamment le duc de l'île), afin d'identifier l'angle le plus adapté pour les convaincre. Les citoyens ont pu exprimer leur vision du développement durable sur de larges panneaux conçus autour de concepts simples. Si la majorité des arguments avancés ont concerné la vitalité de l'économie locale et la rentabilité des exploitations agricoles, quelques rares références à des débats globaux ont aussi été mobilisées. Dans les années 1970-1980, de nombreuses manifestations contre l'énergie nucléaire ont lieu au Danemark. En 1975, une étudiante en économie de 22 ans, Anne Lund, dessine à Aarhus un logo contre le nucléaire, un soleil rouge souriant, les yeux fermés, sur un fond jaune portant l'inscription « Nucléaire ? Non merci » (*Atomkraft ? Nej tak*). Le logo est peint la même année sur un mur de la ville située non loin de Samsø. Dans les années 1980, un projet d'usine nucléaire est même un temps envisagé à proximité de l'île, ce qui génère une forte opposition parmi les habitants. La mémoire de ces événements a pu être utile pour promouvoir les nouvelles énergies. L'approche la plus efficace a cependant été l'intéressement aux bénéfices des éoliennes installées grâce à des actions individuelles ou collectives. Les habitants ont contribué au mouvement et ne pouvaient donc plus s'y opposer. Un livre a même été publié rassemblant des témoignages d'agriculteurs convaincus afin de générer un effet d'entraînement sur les quelques réticents.

Jesper Roug Kristensen s'occupe de la stratégie économique de l'académie. Il a acquis une longue expérience dans le monde de l'entreprise comme directeur des ventes et responsable commercial (SmithKline Beecham, Georgia-Pacific

Procter & Gamble). Selon lui, Samsø est un modèle économique particulièrement vertueux. Sur le site de l'académie, des liens vers les médias internationaux montrent à quel point l'île est devenue un incontournable des reportages, films ou articles sur le développement durable, un poncif du rabâchage informationnel : CNN, *Der Spiegel*, *The New York Times*, Arte, Korean TV, Russian NTV. En 2001, l'île n'accueillait encore que 560 visiteurs venus de huit pays différents pour un échange d'expériences autour du développement durable. Aujourd'hui ce sont 5 000 journalistes, ambassadeurs, chercheurs, étudiants ou touristes du Japon, de Corée, de Chine, des États-Unis, d'Australie qui se rendent chaque année à Samsø. Des « safaris de l'énergie » sont même proposés sous forme de package pour 1 300 euros par personne (groupes de dix participants au minimum) avec visites de Kalundborg, Samsø et Skive. L'énergie a donc renforcé le tourisme, y compris en dehors de la haute saison. La transition énergétique a créé environ trente emplois directs à Samsø dont dix pour l'académie et autant d'emplois indirects (services, hôtellerie, restauration).

Samsø n'est pas seulement engagée dans la transition énergétique mais aussi dans une véritable transition écologique. À la production d'énergies plus propres, s'ajoute un changement des modes d'exploitation agricole. Vendre de l'électricité ou des produits bio constitue deux réponses possibles à l'imprévisibilité des cours agricoles et à la concurrence mondiale. Pour mieux mesurer ces mutations, je me rends au siège de l'association Økologisk Samsø qui promeut la conversion du conventionnel au biologique. Le bâtiment s'intègre dans une petite cour colorée orange rouge de Tranebjerg, la capitale de l'île. J'y retrouve **Mai Fihl Worre**, seule responsable salariée du collectif, au milieu d'une salle remplie de panneaux d'informations, de cartes, d'articles de presse, en bordure de laquelle une botte de foin sert de support d'exposition.

Dès l'automne 2012, lors d'une réunion à l'académie de l'énergie, les éco-agriculteurs de l'île et des experts évoquent la création d'un fonds agricole pour favoriser une pratique plus durable. En 2013, l'idée d'instaurer une fondation qui achèterait des terres et des fermes pour les louer ensuite à des jeunes se lançant dans l'agriculture biologique émerge au sein d'un groupe de travail de cinquante personnes à l'origine de l'association Økologisk Samsø. Au Danemark, la création d'une fondation suppose un apport financier de 300 000 couronnes (40 200 euros). La somme est réunie en 2014, date à laquelle les premières activités de SamsØkologisk débutent, grâce à des donations d'habitants de l'île ou du continent, *via* une opération de *crowdfunding*, certains versant 500 ou 1 000 couronnes en échange d'un affichage de leur nom. La campagne aura duré six mois, de décembre 2013 à août 2014. Le soutien d'une fondation privée du continent (Holkegaard Fonden) est déterminant, celle-ci s'engageant à verser 150 000 couronnes si l'autre moitié est récoltée par ailleurs. Une ferme située dans le village d'Alstrup (Yduns Have), convertie en biologique depuis 1987, peut alors accueillir grâce à l'aide du fonds deux jeunes agriculteurs, Johannes et Fredrik, en location.

La ferme d'Alstrup constitue un laboratoire d'expérimentation pour la fondation. Elle incarne des valeurs comme la transmission intergénérationnelle, l'accès facilité à la terre, la lutte contre le dépeuplement des campagnes et le déclin de l'agriculture. La fondation a trouvé Johannes et Fredrik en démarchant une école agricole formant à l'agriculture biologique située à Rønde à 35 kilomètres au nord d'Aarhus (Kalø Økologisk Landbrugsskole). Une collaboration est alors née avec les deux jeunes apprentis qui produisent 125 variétés de légumes et de fruits et reçoivent les consommateurs une fois par semaine pour des livraisons de paniers. Ils sont même connectés à un réseau nommé Aarstiderne présent en Suède

(10 000 clients) et au Danemark (45 000 clients). Chaque membre reçoit chez lui, après une commande à la carte sur Internet (quantité, combinaisons), des fruits et légumes frais, de la viande ou du poisson et des recettes pour les associer. Les formules incluent des cagettes de différentes régions du pays avec des photos des sites de production. L'une d'entre elles, alimentée par Yduns Have, s'intitule la SamsøKassen, ce qui a contribué à rendre l'exploitation célèbre.

Økologisk Samsø aimerait acquérir plus de fermes, notamment en s'appuyant sur deux ou trois sites pionniers pour attirer les investisseurs extérieurs. Ces six dernières années, trois exploitations biologiques de l'île ont été rachetées par des agriculteurs conventionnels faute d'alternatives. Les activités de la fondation pourraient donc assurer le maintien d'un secteur localement en danger. Le label de certification danois est encore plus strict que le label européen, ce qui rend difficile les conversions. Samsø a une réputation d'île durable mais la part en 2014 des terres en agriculture biologique n'y est que de 2,2 % contre 6,6 % dans l'ensemble du Danemark. Dix exploitations seulement sont recensées en agriculture biologique avec un panel assez large de productions (seigle, avoine, orge, blé, fleurs, miel, pommes de terre, pommes, fraises, bovins, agneaux…). Malgré quelques réticences d'agriculteurs plus conservateurs et un soutien frileux des autorités publiques, de plus en plus de jeunes souhaitent malgré tout rejoindre l'île pour monter leurs exploitations bio, conséquence de la notoriété acquise par Samsø comme laboratoire écologique.

Samsø reflète le destin de nombreuses îles méridionales du Danemark périphérique. Les nouveaux ruraux se repositionnent sur des secteurs à plus forte valeur ajoutée : les énergies vertes, bien que devenues moins rentables, le tourisme ou une agriculture de qualité et innovante susceptible de vendre un imaginaire aux consommateurs des plus grandes villes. Les bocaux bobo de l'usine de conditionnement Samsø Syltefabrik près de Kolby ou les paniers de Johannes et Fredrik à Alstrup en sont des exemples emblématiques. ■

UN TERROIR EN ÉTENDARD

La présence de Copenhague parmi les étoilés du *Guide Michelin* et dans le classement du magazine *Restaurant Top 50* ne surprend désormais plus, tant la nouvelle cuisine nordique est devenue une référence de la gastronomie européenne. Le Danemark partait pourtant de loin, ses associations grasses n'étant pas sans rappeler la cuisine anglaise qu'Obélix avait du mal à avaler dans *Astérix chez les Bretons* ou *Astérix légionnaire.* Quelques pas suffisent pour reconnaître des rangs de saucisses côtoyant de solitaires nuggets et toutes sortes de plaisirs grillés, huilés, panés dans une boutique de la chaîne 7-Eleven de la gare de Copenhague. L'alimentation est devenue un tel problème de santé publique qu'une « taxe sur la malbouffe » s'appliquant sur plusieurs produits trop sucrés ou caloriques (confiserie, chocolat, sodas ou crème) a été promulguée en janvier 2012. La réussite de Noma, élu quatre fois meilleur restaurant du monde entre 2010 et 2014, signe donc une métamorphose du pays sur un plan culinaire. Les chefs René Redzepi et Claus Meyer, cofondateurs du restaurant, ont d'ailleurs été particulièrement médiatisés.

La reconstruction d'une tradition gastronomique dans le pays de l'agriculture intensive est fascinante. « Claus Meyer est maintenant installé à New York. Il m'a demandé de vous contacter de sa part », m'écrit par e-mail le chef **Bo Frederiksen**. « Où voulez-vous me rencontrer ? Dans les bâtiments de l'académie culinaire Meyers Madhus, à la boutique *take-away* Meyers Deli, dans la boulangerie Meyers Bageri ou à l'espace The Standard, un complexe associant un club de jazz et trois restaurants (indien, nordique, gastronomique) ? Dans tous les cas, nous pourrons prendre un café ensemble. » Meyers Kantiner, un réseau de cantines fondé en 2002 qui sert 20 000 repas à 65 entreprises de la région de Copenhague, aurait pu s'ajouter à la liste. En tout, la marque Meyer englobe 16 établissements et 800 employés. Le nom de Claus Meyer semble donc déjà bien décliné. Je me rabattrai au besoin sur le supermarché Meyer de la gare de Copenhague, la fin de l'e-mail me laissant peu d'espoir sur une évolution possible du rendez-vous en gourmande dégustation. La rencontre a de toute manière lieu après le déjeuner. Nous nous retrouvons à l'école Meyers Madhus fondée en 1999 dans le quartier de Nørrebro, celui-là même qui accueille Torvehallerne, un marché couvert de 700 mètres carrés. De la rue, rien ne laisse deviner une telle effervescence culinaire.

Meyers Madhus est à la fois une agence de consulting et de développement à destination de publics divers (entreprises, administrations, particuliers), un incubateur de projets, un tiers-lieu, une ONG et une école de cuisine. La structure utilise la nourriture comme vecteur de développement et d'éducation. Plusieurs initiatives ont ainsi été menées pour favoriser la réinsertion des jeunes défavorisés par la formation professionnelle, tant au Danemark avec les prisonniers du centre pénitencier de Vridsløselille à Albertslund qu'en Bolivie ou aux États-Unis. Meyers Madhus contribue également à l'organisation de deux événements annuels. Le Food Courage Run propose à des enfants âgés de plus de 4 ans une course dans Copenhague agrémentée d'étapes culinaires. The Hour of Taste/Restaurant Takeover associe quant à lui 90 restaurants dans tout le Danemark et permet à 3 700 enfants de passer une soirée dans un restaurant gastronomique afin de prendre part à un repas-découverte sans leurs parents. Pendant la semaine, l'académie propose aussi des cours de cuisine sous la forme de sessions périscolaires, de master classes, de workshops ou de camps d'été pour 10 000 participants en moyenne par an.

Bo Frederiksen, 42 ans, officie à l'académie depuis 2006. Il a d'abord fait des études universitaires en linguistique tout en travaillant dans un restaurant après les cours. La passion l'a ensuite poussé à suivre une formation approfondie de cuisinier. Grâce à un ami commun, il a entamé une collaboration avec Claus Meyer en rejoignant un projet de recherche innovant. Claus cumulait depuis le début de sa carrière une casquette de chef cuisinier et une casquette d'enseignant-chercheur à l'université et à l'école de commerce de Copenhague. L'objectif de cette première coopération était de concevoir un questionnaire afin de mesurer le rôle joué par l'information dans l'expérience gastronomique. Un public test devait goûter des plats après qu'une phrase différente de présentation leur eut été adressée. Bo a ensuite rejoint le projet Opus de 2009 à 2013, mené en collaboration avec l'université de Copenhague et la fondation Nordea, visant à améliorer la santé des enfants danois grâce à une diète alimentaire s'inspirant de la nouvelle cuisine nordique. Le projet découlait de la création en 2008 du Nordic Food Lab par Claus Meyer et René Redzepi, les cofondateurs de Noma. « Nous voulions montrer que la diète nordique pouvait avoir les mêmes effets sur la santé que la diète méditerranéenne » précise-t-il. L'alimentation danoise a ainsi été passée au crible de dizaines d'investigations scientifiques aux mesures chirurgicales : « Nous avons répertorié cent ingrédients pouvant définir la cuisine danoise en considérant leur disponibilité, leur prix et leur saisonnalité. Nous avons ensuite testé différentes recettes en suivant une approche holistique. Chaque proposition a fait l'objet de *crash tests* pour mesurer la perte de poids, l'effet sur la tension artérielle, le taux de graisse dans le sang, les variations du cholestérol et de la glycérine, les effets psychologiques, l'impact sur la concentration au travail… Le tout a donné lieu à des lois prescrivant certains aliments au détriment des autres. » Meyers Madhus est désormais à même de conseiller tous ceux qui voudraient s'acheter la vertu d'une alimentation *new Nordic*.

Bo Frederiksen nous entraîne dans les couloirs du bâtiment. Les salles de cours sont posées les unes au-dessus des autres, cinq cuisines alternant avec des espaces de bureaux au design raffiné. Posés sur de petites bibliothèques ou déposés en pile sur les tables, des livres de Claus Meyer déclinent à souhait le concept en prêt à l'emploi : *Meyers mad til små og store* (*La Cuisine de Meyer pour petits et grands*) ou *Meyers mad til de mindste* (*La Cuisine de Meyer pour les plus petits*), *Ny Nordisk Hverdagsmad* (*La Diète nordique*). Au fil de la promenade, nous évoquons ce que représente aujourd'hui la nouvelle cuisine nordique.

Qu'est-ce qu'une cuisine réussie selon vous ?

Tout d'abord, une cuisine qui nous rend heureux. Je dirais que l'assaisonnement, qui va en grande partie déterminer les qualités gustatives du repas, est l'étape la plus importante. Équilibrer les goûts, les textures, laisser s'exprimer les saveurs des ingrédients et doser correctement les apports aromatiques sont autant de conditions d'une cuisine réussie. Ce qui définit un bon plat, que vous mangiez un wok chinois ou un plat français particulièrement raffiné, est selon moi le sens de l'équilibre.

Claus Meyer a beaucoup insisté dans ses recherches sur la valeur nutritionnelle des repas, en s'inspirant des propriétés de la cuisine asiatique. Rester en bonne santé ne doit pas être la seule raison de manger sain. Pour toucher le plus grand nombre, une alimentation équilibrée doit être avant tout délicieuse. Claus a travaillé avec des nutritionnistes reconnus comme Arne Astrup, professeur à l'université de Copenhague, pour créer une cuisine à la fois plaisante et nourrissante sans utiliser aucune graisse. Nous devons lutter contre l'accoutumance du palais au gras. Remplacer la sensation qu'il procure est tout à fait possible en jouant sur les épices afin d'amener de nouveaux goûts en bouche. Le carvi (cumin des prés) ou certaines baies peuvent jouer ce rôle d'exhausteurs naturels de goût.

En quoi existe-t-il une spécificité nordique sur un plan culinaire ?

Le manifeste fondateur de la nouvelle cuisine nordique, signé en 2004 par douze chefs reconnus, lui attribue dix objectifs : exprimer la pureté, la fraîcheur, la simplicité et l'éthique dans notre manière de cuisiner (1), respecter la saisonnalité des produits (2), s'appuyer sur des ingrédients et des produits propres à nos climats, nos terroirs et nos océans (3), combiner la recherche de produits savoureux avec une réflexion sur la santé et le bien-être (4), promouvoir les producteurs et produits nordiques (5), défendre le bien-être animal (6), revisiter des produits traditionnels (7), croiser l'héritage nordique avec des influences étrangères (8), associer l'approvisionnement local et des produits régionaux de qualité (9), permettre la collaboration de représentants de consommateurs, de cuisiniers, d'agriculteurs, d'industriels, de chercheurs autour de projets au service du rayonnement de la nouvelle cuisine nordique (10).

La nouvelle cuisine nordique est avant tout locale et s'inscrit dans un ancrage territorial fort. Les Danois ont rompu avec leur patrimoine alimentaire. Nous avons longtemps perpétué une cuisine riche, paysanne, fade, tant grasse que fortement carnée. Notre manière de cuisiner n'a rien de révolutionnaire. Nous renouons en réalité avec des produits danois et avec des techniques ancestrales mais en les revisitant et en y ajoutant une touche d'inspirations extérieures. Nos plats intègrent des ingrédients simples : choux cabus, pommes de terre, asperges, huile de colza, avoine, pommes, poires, produits de la mer, bacon, graines de carvi, baies. Les saisons sont très courtes pour les fruits et légumes avec une période resserrée entre juin et septembre, ce qui explique l'absence de certaines variétés. À partir de ce qui pousse dans nos sols, nos techniques de préparation font appel à d'anciennes traditions : séchage, salaison, fumage, marinage, saumurage, fermentation.

La nouvelle cuisine nordique, malgré ces quelques propriétés, reste très difficile à cerner. Si elle traduit l'exigence pour les chefs d'un approvisionnement de proximité, elle pose alors la question de ce qu'est l'échelle locale. Beaucoup d'ingrédients, d'épices que nous croyons européens sont en réalité issus d'importations antérieures. Faut-il intégrer les pommes de terre introduites du Pérou ? Que faire des cornichons qui viennent originellement d'Inde ? Que signifie être nordique ? Où passe la limite de l'espace partagé ? Finalement, l'expression nous invite à parler d'identité et d'introspection.

Vous parlez beaucoup de nouvelle cuisine nordique, existe-t-il une variante danoise ?

La nouvelle cuisine nordique, comme nous l'avons vu, marque surtout un retour au local. Dans l'absolu, elle pourrait être pratiquée partout avec des produits différents, l'essentiel étant d'exhumer ce qui est spécifique à une région ou à un pays. Nous nous différencions des autres pays nordiques par des conditions plutôt plus clémentes. En Norvège ou en Islande, les recettes à partir d'élans, phoques, cétacés et autres mammifères arctiques sont relativement nombreuses. Notre tradition associe plutôt le porc aux légumes verts. Alors que faire pousser des fruits et légumes est impossible sur les littoraux arctiques, où la rareté du sol est manifeste dans un cadre minéral et aquatique, nous disposons de quatre saisons pleines avec un été très productif. Le Danemark est plutôt bien doté en comparaison avec ses voisins.

Notre manière de cuisiner est également légèrement différente. La tendance des Danois à la modestie se traduit dans le travail des cuisiniers. La nouvelle cuisine nordique attire l'attention des clients sur des subtilités sensorielles, sur des arômes spécifiques, y compris de basse intensité. Elle passe parfois pour être fade alors qu'elle accorde une grande place aux épices, herbes, graines de carvi, baies et moutardes. Le temps de cuisson est réduit pour offrir plus de texture, de croquant, d'acidité.

En quoi la dynamique enclenchée entre autres par Claus Meyer et René Redzepi a-t-elle été importante pour le Danemark ?

L'agriculture danoise, d'abord orientée vers la production de céréales, s'est spécialisée au milieu du XIXe siècle dans l'élevage de porcs et la production laitière en raison d'une forte concurrence des États-Unis et de la Russie sur le marché des grains. Sa rentabilité reposait en grande partie sur l'exportation de bacon et de beurre, notamment vers l'Angleterre où la révolution industrielle s'accompagnait d'une hausse de la demande en produits alimentaires. Les entreprises agroalimentaires devaient cependant créer des débouchés sur le marché intérieur pour les parties résiduelles du cochon et pour le babeurre. Des campagnes de publicité se sont multipliées dès les années 1930 et jusqu'à aujourd'hui (menées notamment par Danish Crown) afin d'inciter la population à consommer davantage de produits laitiers et de viande. Ces stratégies ont contribué à ce que les Danois adoptent une nourriture grasse, bien que le filet mignon soit plus léger que le bacon. Les habitudes changent aujourd'hui avec une consommation carnée de plus en plus orientée vers le poulet et un intérêt pour des habitudes plus saines.

Un autre trait de la cuisine danoise est qu'elle était devenue peu variée, entre une cuisine rurale très riche mais relativement monolithique et les fameux *smørrebrød*, des tartines de pain de seigle surmontées de garnitures, longtemps constituées de produits de très mauvaise qualité. Claus Meyer n'est pas le premier chef à avoir dressé ce constat : avant lui, Erwin Lauterbach, Søren Gericke ou Bo Jacobsen ont tenté de réinventer une gastronomie nationale en se détachant de l'influence de la cuisine française pour se réapproprier des produits typiquement danois.

Les *smørrebrød* (littéralement : pain au beurre) sont une spécialité très connue à l'étranger. Ont-ils subi le même sort que la cuisine paysanne dont les principaux ingrédients ont été retravaillés ?

La tradition des *smørrebrød* remonte à la fin du XIXe siècle. La brasserie Nimb à Tivoli sert de petits sandwichs dès 1883 ; la famille Davidsen va contribuer à rendre le concept célèbre. Oskar Davidsen, négociant en vin, ouvre en 1888 un bar à Copenhague dans le quartier de Nørrebro. Afin de satisfaire ses clients désireux d'accompagner leur boisson de nourriture, il décide de leur servir des tranches de pain surmontées de multiples ingrédients. Très vite, la carte propose 178 variations de *smørrebrød*. La famille perpétue la tradition pendant cinq générations jusqu'à Ida Davidsen qui gère l'entreprise aujourd'hui. L'industrialisation de l'alimentation ayant fait son œuvre, leur activité relève au fil du temps davantage de l'assemblage que de l'artisanat. Les cornichons, tartinades, tranches de pain et autres condiments ne proviennent plus de producteurs locaux mais d'usines agroalimentaires. En 2006, Adam Aamann, jeune cuisinier prometteur, décide de se réapproprier cette tradition, en proposant de nouvelles recettes, un conditionnement plus contemporain et une collaboration avec des agriculteurs locaux. Il ouvre deux restaurants à Copenhague, un à New York et est choisi pour animer le pavillon national à l'Exposition universelle de Shanghai 2010.

Claus Meyer a lui aussi investi le champ des *smørrebrød* en développant des circuits courts et en sélectionnant des ingrédients issus de l'agriculture biologique.

Existe-t-il des terroirs danois ? Percevez-vous des différences régionales à l'intérieur du pays ?

Le Danemark est très petit et il est difficile de distinguer un terroir d'un autre, même si quelques nuances existent. Dans le sud-est, d'où Claus Meyer est originaire, autour de Langeland et de Nykøbing Falster, l'ensoleillement plus important permet aux petites îles de concentrer un grand nombre de vergers, notamment pour la production de cerises, prunes, pommes et poires. Fejø, Femø, Vejrø et Lilleø dans l'archipel Smålandshavet sont souvent surnommées les « îles aux fruits ». Lilleø abrite d'ailleurs une ferme acquise en 2003 par Claus Meyer (Vigmosegaard) où il produit ses pommes et poires. Incontestablement cette région du Danemark jouit d'un microclimat et peut être qualifiée de terroir au sens où l'entendent les géographes (l'alliance de conditions atmosphériques, d'un sol particulier et de pratiques humaines). Mis à part les territoires méridionaux, le pays est marqué par une grande homogénéité. Les différenciations s'établissent plutôt sur le plan des pratiques culinaires. La Fionie, le Jutland ou l'île de Seeland ont chacun leurs spécialités. L'apple-bacon (*Æbleflæsk*), un plat composé de cubes de bacon (porc salé) agrémentés de compote de pommes, d'oignons, de thym et de sucre, le tout servi sur une tranche de pain noir, ainsi que le *Brunsviger*, un gâteau spongieux recouvert de sucre brun ou de caramel, sont des plats ancestraux de Fionie. Les *Sønderjysk surrib*, des morceaux de porc marinés dans du vinaigre dégustés avec des betteraves et du pain de seigle, sont caractéristiques du sud du Jutland. Un même ingrédient peut même être préparé différemment selon les régions, qu'il s'agisse du chou vert parfois cuisiné à la cannelle (comme dans le sud du Jutland), du chou blanc, des betteraves marinées, des pois jaunes ou des pommes de terre…

L'appel à un renouvellement de la cuisine nordique est déjà ancien. Quelles sont les nouvelles tendances culinaires danoises ?

La nouvelle cuisine nordique se réinvente en permanence. Noma poursuit son internationalisation avec un restaurant ouvert au Japon et une ouverture prévue en Australie. Le restaurant historique de Copenhague à Christianshavn doit également fermer à la fin de l'année 2016 pour être remplacé par un « restaurant-ferme » dont l'inauguration est prévue en 2017 près de Christiania. Le projet, contribuant à la réhabilitation de friches, explore un concept innovant. Un vaste terrain permettant une pratique de l'agriculture urbaine, une serre intégrée au toit du restaurant, une ferme flottante, approvisionneront directement les assiettes en complément de produits issus de circuits courts. Les clients prendront part à une expérience incluant la dégustation dans le cadre même qui l'a rendue possible. La production agricole sera pleinement intégrée à l'espace de restauration. Ce faisant, René Redzepi cherche à réintroduire la saisonnalité de manière plus rigoureuse dans ses compositions avec une périodicité en trois séquences. L'été (mai à septembre) sera consacré aux légumes, les menus, composés en lien avec la ferme urbaine, devenant exclusivement végétariens. L'automne sera réservé aux produits de la forêt (champignons, noisettes, baies) et aux gibiers (lapins, lièvres, cerfs). L'hiver, enfin, sera l'occasion de cuisiner des produits de la mer à un moment optimal (chair ferme, grande diversité de fruits de mer, oursins particulièrement dodus, qualité des huîtres sauvages), alors même que la terre est au repos. Les poissons pourront être agrémentés de produits issus de la serre, de plantes vivaces résistantes au gel ou d'agrumes. Du décor à la présentation, l'atmosphère reflétera une ambiance plus océanique.

Parallèlement à ces nouvelles expérimentations, des effets de mode se succèdent. Je constate un recours de plus en plus fréquent à la fermentation, un vieux procédé souvent utilisé en Asie (Japon, Corée), appliqué à des produits déjà bien connus. Peut-être est-ce le signe d'un besoin de réinventer de nouveaux goûts à partir d'un nombre limité d'ingrédients ? La technique permet de développer des saveurs inédites tout en libérant les principaux éléments nutritionnels. Elle est pratiquée depuis longtemps en Islande, aux îles Féroé ou au Groenland qui possèdent peu d'arbres et où des modes de conservation alternatifs ont dû être imaginés comme l'utilisation de l'estomac d'un phoque pour conserver les aliments. À l'inverse, au Danemark, il était possible d'utiliser le bois pour le fumage des aliments. La rareté des produits crée des formes d'innovation. Le Danemark n'échappe pas totalement à cette règle car la période de production est très courte et la diversité des plantations faible, en comparaison avec la région méditerranéenne. Nous, cuisiniers, apprenons donc à faire plus avec moins.

La dernière tendance structurante que je peux observer est une forme de mondialisation généralisée des cuisines. De plus en plus, nous préparons des spécialités italiennes, françaises ou asiatiques en respectant le cadre de la nouvelle cuisine nordique, le tout avec des produits locaux.

Ainsi se conclut notre discussion déambulatoire qui nous a progressivement conduits dans une aile encore inexplorée du bâtiment. Devant nous, s'ouvre une longue table en bois entourée de fenêtres épurées en verre. Mon ventre répond depuis un moment à l'appel du cumin des prés que j'aurais volontiers accompagné de munster, histoire de rompre avec l'havarti local. Est-ce une soudaine vocation à devenir un hérétique du *new Nordic* ? Bo Frederiksen sort alors une bouteille de *Rapskimolie*, une huile de colza pressée à froid : « Elle est riche en omégas 3 et possède de belles propriétés pour lutter contre le cancer. Voilà une huile qui divise profondément ceux qui l'essaient. Son goût est plat et lourd pour qui apprécie l'acidité, l'amertume et un timbre plus fruité, mais ses valeurs nutritives restent excellentes. » J'apprends par digression que le chou, lui aussi, est qualifié de « bombe nutritionnelle ». J'entre dans un univers où tout fait système : recherche, agriculture, gastronomie, bien-être. Aucun de ces domaines ne se départit des autres. Ce soir, un peu pour poursuivre ma recherche, j'irai chez Aamanns et mangerai dans un écrin à la présentation soignée des tranches fines de pain noir, dinde, moutarde, miel, céleri, pomme, cresson. Le mot équilibre me reviendra en bouche comme pour couronner notre balade d'une douce pyramide. ■

CHAPITRE III

UTOPIES DANOISES

L'ESPRIT DE CHRISTIANIA

L'utopie nordique adopte, vue de l'extérieur, un visage très urbain alors même que l'utopie des Nordiques se trouve à mon sens ailleurs, dans une quête presque ontologique de nature mythique, d'histoires édifiantes ou de romantisme provincial (porté vers la Carélie en Finlande, le Värmland et la Dalécarlie en Suède et le Jutland au Danemark). Au nord de l'Europe, notre imaginaire vient se perdre avec douceur dans les méandres de la pensée contre-intuitive. Seules les plus grandes métropoles mondiales combineraient d'un mouvement suffisamment puissant l'intelligence, l'innovation, la créativité et l'attractivité ? Comment alors appréhender ces compétiteurs redoutés de la *smart city* dont le rayonnement est inversement proportionnel à nos échelles de référence ? Copenhague est l'une des villes qui s'est sans doute le mieux adaptée aux défis de la globalisation (réchauffement climatique, inclusion sociale, nouvelle gouvernance), tout en occupant une place secondaire dans la mondialisation économique et financière. La commune-centre avec ses 591 481 habitants en 2016 appelle à bannir partiellement l'obsession de la masse critique et des grands nombres pour s'attarder sur le rôle de la proximité. Et si justement, la force des villes nordiques était de créer des réseaux dans le réseau, de provoquer la rencontre, d'ouvrir l'horizon du croisement sur de toutes petites unités ? L'art prolifique de la miniaturisation se traduit avant tout par des communautés locales capables d'insuffler sur l'espace qu'elles composent la force des liens faibles et l'esprit de système.

Traverser Copenhague invite à ajuster sans cesse son regard à la manière de ceux qui ouvrent des poupées gigognes. La capitale se laisse découvrir par quartier : Vesterbro, Nørrebro, Østerbro. À Christiania, un quartier autogéré, les limites se font plus franches. Nous pénétrons une ville dans la ville, un État dans l'État. Un plan suffit pour percevoir les voisinages divisant Christiania en autant d'urbanités divergentes donnant à notre dérive urbaine les attraits d'une progression spéculaire. Devant l'entrée de la « ville libre », qui de l'extérieur rappelle plutôt l'accès à un square public, je tombe sur un panneau sur lequel est inscrit en toutes lettres « Vous quittez à présent l'UE » (*You are now leaving the EU*). À la sortie du quartier, il est doublé par un logique « Vous entrez à présent dans l'UE » (*You are now entering the EU*). Je me dis que ce territoire doit avoir quelque chose de bien révolutionnaire pour s'arroger le droit de sortir ainsi de Schengen. *Le Guide du routard* m'éclaire sur ce point : une organisation sociale autogérée où le droit d'utilisation a remplacé le droit de propriété, un drapeau et même une monnaie. Je suis malgré tout surpris de voir que les touristes sont visiblement aussi nombreux que les habitants. Ici habitants de Copenhague et étrangers peuvent acheter toutes sortes de drogues comme s'ils rendaient visite au producteur de fruits et légumes sur la place Monge un dimanche matin.

Le visiteur a le choix entre deux options pour arriver à Christiania. La Prinsessegade, longeant un mur tagué et ouvrant sur des contre-allées, est le chemin le plus souvent emprunté par les touristes. Il débouche sur les principaux commerces (un restaurant participatif, une épicerie, une boulangerie) et sur la rue des dealers où la drogue est en vente libre. Une autre perception saisit celui qui choisit de pénétrer par les ponts enjambant le canal de Stadsgraven. Il croise alors des habitations à l'architecture surprenante, pionnières, aquatiques (dont la fameuse Pagode) ainsi qu'une plage, une maison des jeunes et un jardin d'enfants. L'approche paraît plus inoffensive, plus policée, sans doute un brin plus bobo. La matrice de Christiania est devenue un symbole exprimant une propension des Danois, peut-être davantage qu'en Suède ou en Norvège, à la microsociété.

Pour mieux saisir l'origine de ces mouvements, je me rends à Odense, sur l'île de Fionie, pour retrouver **Jørn Henrik**

Petersen, professeur de sciences économiques et sociales. Né en 1944, il a vécu de près les dynamiques sociétales des décennies 1960-1970. Parallèlement à son travail d'enseignant-chercheur, Jørn Henrik a également contribué au développement de la chaîne de télévision danoise TV2 de 1988 à 1994. Comprendre Christiania, celui des années 1970 et non ce que le quartier est devenu, suppose au préalable d'appréhender l'émergence de la cohésion danoise.

Comment expliquez-vous qu'une initiative comme Christiania soit née au Danemark ?

La notion de communauté est à associer à la rupture de 1864. Le climat est alors morose entre la perte territoriale des duchés et une conjoncture économique délicate. Dans les campagnes danoises, les habitants font corps, lançant ce que les historiens nomment « un mouvement coopératif ». Le terme danois *Andelsbevægelsen* (*andel* : part, ration, pourcentage ; *bevægelsen* : mouvement) insiste sur les principes de communauté et d'égalité, chaque individu ayant la même influence que les autres, comme sur un sentiment partagé de ne faire qu'un. À côté de cette aspiration des populations rurales qui a donné naissance aux coopératives agricoles, se développe dans quelques villes danoises une forme de « socialisme urbain ». Entre 1910 et 1920, avant que la sociale-démocratie n'émerge comme parti politique, plusieurs municipalités expérimentent localement des pratiques annonciatrices de l'État providence : systèmes d'hôpitaux municipaux, maisons de retraite, nouvelles écoles. Dans la ville de Nakskov, sur l'île de Lolland, Sophus Bresemann reste ainsi maire de 1914 à 1928, ce qui en fait le premier social-démocrate à la tête d'une ville de province. Il instaure des mesures qui constitueront ensuite autant de références : suppression des frais de scolarité et introduction d'une école libre, gratuité des services médicaux et dentaires scolaires, création d'un centre d'accueil pour les enfants atteints de la tuberculose, amélioration des soins pour les personnes âgées. Des politiques similaires sont progressivement conduites à Esbjerg, Aarhus, Horsens (Jutland), Nyborg (île de Fionie) ou Helsingør (île de Seeland). Les mouvements ouvriers auront donc suivi les mouvements paysans. Avec la formation de son premier gouvernement suite aux élections législatives de 1924, le parti social-démocrate tourne le dos à sa dimension révolutionnaire et devient officiellement réformiste. En janvier 1933, en pleine crise économique et alors qu'Hitler arrive au pouvoir en Allemagne, un compromis est trouvé entre le parti social-démocrate, le parti libéral et le parti social-libéral (*Radikale Venstre*) : l'accord de Kanslergade (du nom d'une rue de Copenhague où vivait le Premier ministre). Une légende raconte que le texte aurait été signé à 3 heures du matin, au domicile du Premier ministre, après que ce dernier eut demandé à sa petite amie de ramener une bouteille de whisky. Une coalition était alors créée entre les représentants des agriculteurs (le parti agraire *Venstre*) et ceux des ouvriers (les sociaux-démocrates). Les jardins partagés, les communautés autogérées comme Christiania, les écovillages, les coopératives qui jalonnent encore le pays découlent tous de ce compromis initial.

Christiania n'est-elle pas surtout le produit d'un mouvement d'émancipation lancé au Danemark et ailleurs en Europe au cours de la décennie 1960 ?

Les années 1966-1967 marquent une rébellion de la jeunesse danoise, notamment étudiante, et une croissance des positions antiautoritaristes. À cette époque, je terminais mes études d'économie à l'université d'Aarhus. J'ai vu beaucoup d'étudiants militer et protester contre l'autorité de leurs professeurs, mais il n'a pas fallu longtemps pour qu'ils briguent eux-mêmes des postes académiques. Dès 1970, une nouvelle loi du Parlement sur les universités (*Styrelsesloven*) prévoit d'ailleurs une participation institutionnalisée aux instances de gouvernance des étudiants, jeunes enseignants et employés administratifs et techniques. La même année, je rejoins l'université fraîchement ouverte d'Odense (construite en 1966). La différence de ton est flagrante. L'île de Fionie était certes plutôt connue pour ne pas être très active dans des mouvements sociaux d'envergure. Le fait que l'université ait été fondée récemment rendait également inopérante toute mobilisation : pas de vieilles traditions ou de système usé à combattre mais des enseignants-chercheurs dont l'âge ne dépassait pas 40 ans (j'avais moi-même 25 ans à l'époque). Tout était tellement jeune et nouveau : contre quoi pouvions-nous nous rebeller ? Les mouvements universitaires ont en tout cas traduit une aspiration de l'ensemble de la société danoise qui s'est diffusée d'autant plus vite géographiquement que le pays est petit et homogène.

Cette période charnière correspond aussi au développement de l'État providence (institué dès les années 1950). Au cours de la décennie 1960, de plus en plus de femmes, plus seulement issues du milieu ouvrier, rejoignent le marché du travail. Elles sont soutenues dans leur quête d'émancipation par le mouvement féministe des *Rødstrømper* conçues sur le modèle des *Redstockings* américaines. De nouveaux impôts deviennent nécessaires, les fonctions assurées auparavant à la maison étant progressivement transférées au secteur public (garde des enfants, soins aux personnes âgées). Alors que le Danemark était l'un des pays où les prélèvements obligatoires étaient les plus faibles, il devient le deuxième plus imposé au monde après la Suède. D'une situation de relative pauvreté après la Seconde Guerre mondiale, les habitants connaissent une certaine opulence, ce qui facilite la naissance d'un sentiment de liberté. Pour autant, les pionniers de Christiania restent très critiques envers l'État. À l'extrême gauche, des socialistes de gauche (*Venstresocialisterne*) et des communistes s'opposent à un système reposant sur l'État par peur d'une dissolution des individus dans les excès de la bureaucratie administrative. Ils défendent un rôle renforcé d'institutions et d'organisations de la société civile et des voies alternatives aux aspirations dominantes. Ces partis sont nettement liés à Christiania même si le comité exécutif des socialistes de gauche redéfinit son soutien en 1976 en s'isolant d'une partie de la gauche antiautoritariste. Les Christianites ne voulaient pas vivre comme la majorité des Danois. Ils ne croyaient pas en la recherche de croissance et de prospérité à tout prix mais désiraient une vie calme, silencieuse, *cosy*, dénuée d'une obsession de faire carrière et de gagner toujours plus d'argent.

La quête de la liberté individuelle touche progressivement l'ensemble de la société. En 1969, un gouvernement conservateur, celui de Hilmar Tormod Ingolf Baunsgaard (*Radikale Venstre*), décide de légaliser la pornographie : le Danemark est le premier pays au monde à prendre une telle mesure. L'IVG est également autorisée en 1973, soit bien plus tôt que dans beaucoup d'autres pays européens comme la France (1975), l'Espagne (1985) ou l'Allemagne (1995). La libéralisation des mœurs a peut-être été plus forte au Danemark qu'en Norvège ou en Suède. Je ne vois pas chez nous de contradiction entre l'esprit communautaire et l'individualisme. Nous avons une certaine propension au « laisser faire », chacun étant malgré tout libre de décider pour lui-même le type de vie qu'il souhaite mener. Les mouvements coopératifs de la fin du XIXe siècle et du début du XXe associent une forte homogénéité, une responsabilité des uns envers les autres et un épanouissement de chaque individu. La place de la religion était peut-être plus importante en Suède ou même en Norvège. Le mouvement de sécularisation a été de fait plus précoce au Danemark. En 1970, est né un parti confessionnel, les chrétiens-démocrates ou Parti des chrétiens, *Kristendemokraterne*, qui a lutté contre l'IVG et la légalisation de la pornographie. Il a certes été représenté au Parlement en 1973 mais seulement pour une courte période.

La ville libre de Christiania est imaginée en septembre 1971, pouvez-vous nous en dire plus sur la création du quartier ?

Christiania a été fondée sur le terrain de l'ancienne caserne militaire de Bådsmandsstræde par un groupe de squatters, chômeurs et hippies. Sa création a suscité un important débat au Parlement et au sein de la société danoise. Plusieurs partis ont appelé à la destruction de la zone et à l'abolition de la communauté, les sociaux-démocrates restant de leur côté paralysés. En 1975, les députés de Christiansborg décident la suppression définitive de la commune libre à compter du 1er avril 1976. Comme souvent au Danemark, la question a finalement donné lieu à un compromis : si les Christianites payaient leur eau et leur électricité, ils pourraient poursuivre l'expérimentation sociale entamée. La situation de Christiania s'est par la suite progressivement normalisée. De temps à autre, les médias et des partis de droite relatent des actions de police ciblant principalement les revendeurs de drogue. Deux avocats, Knud Foldschack et Lulla Forchhammer, sont d'ailleurs devenus célèbres en défendant les habitants permanents devant les juges ou la presse. En réalité, la majorité des citoyens danois ne suivent pas vraiment ce qui se passe dans le quartier, même si le traverser reste un petit événement.

Avez-vous connaissance d'expérimentations semblables à Christiania menées à la même période ?

Le camp de Thy (*Thylejren, Frøstruplejren*), pendant rural de Christiania, se forme à la même époque dans le nord du Jutland. Un festival de musique sur le modèle de Wight ou de Woodstock est organisé en 1970 sur un terrain acheté par l'association La nouvelle société (*Det Ny Samfund*) créée deux ans plus tôt. L'événement attire 25 000 participants. Certains d'entre eux décident de rester après le festival et de passer l'hiver ensemble. Ils construisent des bâtiments, des habitations en forme de tipis, une épicerie avec ce qu'ils trouvent dans la nature, le tout revisitant le paysage d'un camp indien. Les nouveaux résidents forment une communauté autogérée régulièrement répertoriée comme micronation. La population locale s'oppose rapidement au projet, sans pouvoir y mettre un terme, arguant une dégradation de la nature et l'occupation illégale de terrains agricoles. Dans plusieurs villes du Danemark, dès 1963, des réflexions sur de possibles voies alternatives sont également menées sur les scènes de théâtre. Odense, Aalborg et Aarhus sont pionnières dans cette contestation de la culture officielle. Festivals de musique et théâtres sont donc des lieux majeurs d'expression des revendications citoyennes.

La Constitution danoise permet également à qui le souhaite de développer un système éducatif avec le soutien politique et financier des autorités publiques, à condition que celui-ci, dans le cadre de la loi, respecte certaines règles, suive un programme défini et dispose d'un minimum d'infrastructures. Ces écoles libres « hors système » sont de plusieurs natures : des écoles indépendantes dans les districts ruraux (*friskoler*), des écoles privées en ville (*privatskoler*), des écoles religieuses et confessionnelles (catholiques ou musulmanes), des écoles dispensant une pédagogie particulière (Steiner-Waldorf, Freinet), des écoles réservées à la minorité allemande ou aux immigrés. Cette loi a permis des expériences controversées à l'image du Tvind, une confédération d'écoles privées, d'organisations humanitaires et d'entreprises, conçue comme une structure alternative d'éducation et créée en 1970 par Mogens Amdi Petersen, un idéaliste radical. En 1972, le centre opérationnel du Tvind est établi autour d'une ferme à Ulfborg dans le Jutland. Jusqu'à trente écoles du Tvind sont ensuite ouvertes dans tout le Danemark. Il s'agissait de dépasser la vocation première des établissements scolaires pour investir *via* la structure parapluie dans les affaires, l'agriculture ou l'humanitaire. L'organisation a fait l'objet d'une importante controverse : réseaux de corruption, conflits d'intérêt, détournement de fonds publics, embrigadement psychologique, évasion fiscale. Je dirais que la loi danoise tolère très souvent de telles expériences sans les promouvoir réellement.

Comment des quartiers autogérés comme Christiania ont-ils évolué ces dernières années ?

Aujourd'hui, beaucoup de Christianites appartiennent à la classe moyenne danoise. Le quartier n'est plus vraiment *underground*, surtout sur les rives du canal. À mon avis, cela explique en partie la reconnaissance de Christiania par le gouvernement officiel : je ne serais pas surpris que des fonctionnaires ou des employés du gouvernement et des services publics de la ville résident eux-mêmes à Christiania. De fait, la commune libre et le gouvernement danois ont conclu le 21 juin 2011 un accord permettant aux habitants d'acheter à l'État la plus grande partie des terrains. Cela n'empêche pas des réseaux externes de trafiquants de drogue de tenir une partie du quartier, ce qui conduit à des affrontements réguliers entre gangs. *Pusher Street*, surnommée la « rue des dealers », est un marché à ciel ouvert où la marijuana est vendue au poids grâce à de petites balances. Un rôle prépondérant est attribué dans ces trafics aux groupes de motards criminalisés (OMG). Il est clair aujourd'hui que le message contestataire de Christiania s'est largement réduit, entre l'aménité doucereuse et domestique des bourgeois bohèmes et les trips éthérés des voyageurs transis. ■

LA QUÊTE D'UN NOUVEL ÉDEN

La densité des rapports sociaux au Danemark semble proportionnelle à l'exiguïté du territoire et à sa vulnérabilité. Les rapports humains s'y composent souvent sous des traits communautaires, voire tribaux. À condition de ne rien entacher de l'homogénéité d'ensemble, matrice indispensable de tout dispositif, les Danois interrogent constamment par leurs pratiques la frontière labile entre le choix du vivre ensemble et la réalité de l'entre-soi. Suivre à rebours ces cocons spatiaux, de la ville à l'appartement, sur les traces de nouveaux phalanstères pratiques et écologiques, révèle les contours d'un pragmatisme par l'espace.

Un Danois ancre toujours son quotidien dans la combinaison de deux lieux : celui où il réside et celui qu'il habite. Le premier souligne son appartenance à une totalité sociale par le prisme du travail et de l'État providence, contribution quotidienne à l'architecture organique. Le second pourrait à s'y méprendre suivre formellement la même rationalité si sa vocation profonde n'était pas d'organiser le refuge, le détour, l'apaisement. Le cheminement de l'individu y rencontre un terrain d'expression et d'expérimentation. En Russie, les datchas souvent pourvues de lopins de terre jouent ce rôle comme les maisons d'été dans les États baltes (*lauku māja* en Lettonie) ou le *mökki* finlandais. Dans les pays nordiques, de tradition sociale-démocrate, les jardins associatifs ont dès le XIXe siècle offert la possibilité d'une nature tonifiante à proximité ou au cœur des villes : *kolonihager* en Norvège, *koloniträdgårdar* en Suède, *siirtolapuutarhojen* en Finlande, *garðlönd* en Islande et *kolonihaver* au Danemark. Une traduction par « jardin ouvrier » ou « jardin partagé » serait insuffisante tant les *kolonihaver* sont devenus des lieux de vie à part entière et non uniquement de loisirs. Une petite maison, personnalisée à l'extrême, se dresse souvent au milieu du terrain.

Aalborg, locomotive de l'industrialisation danoise, a constitué l'épicentre des *kolonihaver*. Jørgen Berthelsen, ancien ouvrier et président d'une association de travailleurs (Arbejderforeningen af 1865), fonde le premier jardin familial en 1884 sur un terrain qu'il loue à la municipalité, cette dernière lui ayant accordé un droit de subdivision et de sous-location. Les 85 lots de 1 000 mètres carrés sont alors répartis par tirage au sort, la plupart à des membres de l'association, ouvriers des usines de la ville. Le loyer annuel devait correspondre au salaire d'une semaine. Parallèlement, de grandes entreprises créent, suivant une ligne hygiéniste, des jardins pour doter les travailleurs souvent entassés dans des logements étroits et denses d'un espace de liberté. Aalborg Portland, importante usine de ciment établie en 1889, ouvre à cet effet les jardins de Hennedal et de Sølyst. Les chantiers navals (Aalborg Værft A/S) font de même. Au cours du XXe siècle, des maires, notamment sociaux-démocrates, accordent plusieurs terrains à des associations (*foreninger*) pour leur permettre, à leur tour, de créer des colonies.

La municipalité d'Aalborg loue aujourd'hui 140 hectares à 26 associations, ce qui représente au total 2 300 parcelles dont environ 95 % sont loties. Deux systèmes de gouvernance parallèles coexistent. Puisque les terrains appartiennent à la municipalité, celle-ci édicte des règles de vie commune dans la limite de ses domaines de compétence (traitement des eaux usées et des déchets, entretien de la voirie, construction des bâtiments…) et veille au respect du cadre législatif national. Les *kolonihaver* sont également gérés par des associations locales chapeautées par 22 fédérations à l'échelle des cantons (*kredse*, *Nordjyske kreds* pour Aalborg) et par une fédération nationale. Ces *kolonihaveforeninger*, garantes de l'application des décisions municipales (distance autorisée entre deux maisons, hauteur et taille des bâtiments, interdiction d'utiliser des pesticides chimiques), édictent leurs propres règlements intérieurs portant par exemple sur la régularité de la taille des haies, de la tonte de la pelouse ou de l'entretien des jardins.

Jonna Agnethe Pedersen, géographe et chargée de mission auprès du département environnement de la mairie, parcourt régulièrement les *kolonihaver* d'Aalborg dont elle est responsable. Elle possède elle-même un terrain avec une maison au sein de la colonie Jørgen Berthelsens Minde dans la périphérie est de la ville. Elle et son mari ont décidé de vivre avec leurs deux enfants dans une modeste résidence étudiante et de profiter au maximum du *kolonihave* au cours de l'année. Je retrouve Jonna au siège du département à Nørresundby, un bâtiment cubique en verre transparent au bord du Limfjord. Jonna m'explique que les *kolonihaver* ont gardé un rôle social : « Il est illégal d'habiter toute l'année dans les *kolonihaver*. L'eau n'est d'ailleurs ouverte que d'avril à octobre et l'acquisition d'une maison suppose de fournir l'adresse d'une résidence principale. Les liaisons en transports en commun sont rares hors saison. Pourtant, des personnes sans emploi ou fragiles, disposant d'un faible niveau de revenu, y résident en permanence. » Les habitants les plus défavorisés sont attirés par des prix très accessibles, des exemptions d'impôts locaux (notamment de taxe d'habitation) et des économies possibles sur l'électricité et l'eau (un forfait eau est compris dans le loyer). Pendant l'hiver, ils vivent dans des conditions spartiates, récupérant les eaux de pluie ou se dotant d'un conteneur, ce qui conduit les services municipaux à réfléchir à des solutions alternatives.

Jonna comprend d'autant mieux le sentiment de précarité des locataires qu'elle vit elle-même dans une communauté. Sa première maison dans un *kolonihave* date de 1997 alors qu'elle habite à Copenhague dans un appartement avec ses deux chats. Cherchant à acquérir un jardin dans la ville, elle trouve refuge dans la colonie de Formosa sur l'île d'Amager. Le quartier est peu après menacé par le tracé d'une nouvelle ligne de métro accompagnant l'extension vers l'est de la ville. La municipalité n'est alors pas particulièrement diplomate avec les locataires : « Nous avons reçu une lettre disant que nous devions démonter notre maison. Si nous ne coopérions pas, les autorités nous ont précisé qu'elles s'en chargeraient et nous enverraient la facture » se souvient Jonna. Le cas d'Amager a conduit à un débat sur le statut juridique des jardins. Svend Auken, ministre social-démocrate de l'Environnement, fait alors voter une loi nationale en 2001 rendant les *kolonihaver* permanents, qu'ils soient situés sur des terrains étatiques, municipaux (40 000 sur 62 000 jardins dans tout le pays) ou même, dans certains cas, privés. Les municipalités ne peuvent plus remettre en cause le nombre total de jardins sur leur territoire et sont contraintes, depuis 2005, de déclarer auprès du ministère les zones attribuées aux colonies en précisant leur nature (autorisation ou non d'y vivre pendant l'hiver). Malgré tout, un projet d'intérêt public peut engendrer, dans certaines conditions, le déplacement d'une colonie. Jonna est particulièrement sensible aux difficultés des résidents : « Ceux qui n'ont pas vécu dans des *kolonihaver* les perçoivent comme de simples jardins. En réalité, demander à des locataires de déménager est inenvisageable. Leur attachement est très fort d'autant qu'ils ont contribué à construire l'espace qui les entoure. » Jonna veut me montrer la diversité des habitants des colonies. Alors que nous partageons des *flødeboller*, sortes de versions locales de la tête-de-nègre, au chocolat et à la fraise (avec une base de *marcipan*), un jeune *hipster* arborant une barbe de circonstance et un pull tricot nous rejoint.

Michael Thyrrestrup Pedersen a 33 ans et est doctorant en géographie à l'université d'Aalborg. Il a déjà publié plusieurs articles sur les réseaux de coopération culturelle entre quatre municipalités du Jutland (Randers, Viborg, Silkeborg, Horsens). Il a acquis un terrain loti dans le même *kolonihave* que Jonna dès 2006 alors qu'il débutait ses études supérieures. Il loue le jardin 5 000 couronnes par an (672 euros) et a acheté la maison qui se trouve dessus pour un montant de 45 000 couronnes (6 047 euros). Michael a senti un changement dans la population concernée par les *kolonihaver* : « Enfants, nous rendions souvent visite à des membres de notre famille qui possédaient un *kolonihave* à Aarhus. Comme la plupart des autres habitants, ils étaient retraités et venaient passer la journée dans leur jardin. Aujourd'hui, les colonies attirent de plus en plus de jeunes. Je passe souvent des après-midi avec mes voisins directs, un jeune couple et un couple de personnes âgées. Le soir venu, d'autres nous rejoignent autour d'un barbecue et de quelques bières. » Le renouvellement est devenu plus important puisque sur les douze jardins de sa rue, quatre ont récemment changé de propriétaire, l'arrivée d'enfants marquant souvent un désir de maisons plus spacieuses. Malgré tout, les *kolonihaver* ont tendance à se gentrifier et les prix s'envolent. Un jardin de Copenhague a même été vendu pour un montant record de 4,1 millions de couronnes (550 000 euros).

Jonna souhaite m'emmener visiter les différents *kolonihaver* d'Aalborg. Nous partons en voiture à l'ouest de l'hypercentre, à proximité des rives du fjord, pour rejoindre une zone où s'alignent plusieurs colonies en rang les unes à côté des autres. Une grande route rectiligne est bordée à sa droite par les arbres et arbustes d'un immense parc et à sa gauche par des haies basses parsemées de quelques rares maisons et de voies piétonnes donnant sur les différents *kolonihaver*. Deux poteaux verts surmontés de drapeaux danois supportent une pancarte indiquant en police Algerian « Strøybergs Minde, 1931 ». Cette porte, bornant l'entrée du secteur depuis la route, telle l'arche limitant dans les grandes métropoles les quartiers chinois, rappelle que chacune des colonies du Danemark porte un nom, reprenant souvent celui de son fondateur. Les petites routes intérieures tapissées de gravier semblent dessiner un quadrillage assez géométrique. Des bâtiments sortent des feuilles, au fond des jardins, suivant une étonnante marqueterie d'architectures composites. Sur chaque portail ou à l'entrée des seuils, la dénomination vient renforcer l'appropriation des lieux, comme sur une maison noire en bois sur laquelle est inscrit « Oasen » (Oasis) au-dessus d'un *smiley* blanc.

Boîtes aux lettres, numéros de rue, palissades, vélos, voitures, étendoirs à linge, rien ne distingue *a priori* ces habitations d'un autre quartier de la ville exceptée la faible densité du bâti et le calme assourdissant. Jonna m'explique que Strøybergs Minde est l'une des rares colonies où des habitants sont autorisés à vivre légalement à l'année suivant un statut dérogatoire non cessible. Strøybergs Minde est caractérisée par une certaine liberté d'esprit et a attiré des artistes, des étudiants et des créatifs qui acceptent de vivre dans des conditions assez sommaires, parfois sans toilettes, pour faire partie de la communauté. L'esprit de chaque *kolonihave* est très différent comme le souligne Jonna : « Ils sont plus ou moins stricts sur les règles, plus ou moins confortables (avec ou sans toilettes), peuvent accepter ou non la présence de chiens, de poules, d'abeilles pour la production de miel. Pour ma part, je n'ai pas beaucoup de chance, j'ai toujours vécu dans les colonies les plus rigides. » Nous continuons à marcher le long de constructions improbables, des fondations de pierre surplombées de bois, des imitations de mobil-home, des maisons en kit, des petits chalets, des pavillons forestiers, des serres. Nous croisons **Safran**, une jeune fille habillée en vêtements de laine colorés, arborant des moufles et un bonnet violet sur un vélo réaménagé sur lequel un porte-bagages a été monté à l'avant. Jonna s'arrête au bord de l'allée pour me montrer un meuble sur lequel les résidents peuvent laisser les objets dont ils ne se servent plus. Nous revenons progressivement à la voiture et roulons quelques mètres pour rejoindre Fjordglimt où nous avons rendez-vous avec Preben Hansen, l'un des doyens des jardins d'Aalborg.

Fjordglimt est une colonie très ancienne puisqu'elle date de 1928. Nous retrouvons tout d'abord **Preben Hansen** devant chez lui. Son jardin est particulièrement foisonnant, un chaos prolifique à la Gilles Clément : arbres fruitiers, fraisiers, pommiers, argousiers, hostas et même un bonsaï rapporté de Chine. La maison ressemble à un château de poupée Polly Pocket décoré par des chasseurs de sangliers. Une base de briques garnie de vitraux, en pur style « manoir », est surmontée de tourelles d'un kitsch disneylandarisé. Le fronton de la porte en bois garni de bois de cerf du meilleur effet décline l'identité et la date de naissance de la maison (baptisée « château ») : Slottet, 1928. Comme pour beaucoup de maisons des colonies, les matériaux servant à la construction sont issus de récupérations : les briques proviennent ainsi de maisons détruites en ville lors de la construction des routes. Preben a acquis le jardin en 1963, afin de soigner une maladie chronique en plein air. Il a rénové à plusieurs reprises le bâtiment et construit un petit pavillon attenant. Il n'y reste souvent que l'après-midi pour jardiner avant de repartir chez lui le soir. Une seule fois, un mélange whisky-vodka ne lui avait pas donné de latitude suffisante pour rentrer. L'intérieur de la maison reflète l'usage temporaire qu'elle offre : collection d'assiettes en faïence sur les murs, tas de pommes venant d'être récoltées sur le rebord de la cuisine, cageots de fruits, petite table servant de bureau et, à l'entrée, un portrait de Jørgen Berthelsen, le fondateur du mouvement.

Preben souhaite m'emmener dans un bâtiment très important pour le quotidien des résidents : la maison commune. Située sur l'un des 88 jardins, elle permet à l'association de se réunir mais constitue aussi un lieu de vie, abritant fêtes, journées bingo, dîners ou moments conviviaux entre voisins autour d'une bière. Sur les murs intérieurs de l'unique pièce organisée autour d'un bar à l'américaine s'affichent un portrait de l'actrice danoise Malene Schwartz (qui possédait un jardin) et les pancartes portant les noms des maisons de la colonie qui ont été démontées ou détruites. La maison commune condense la mémoire des lieux et soude le groupe d'habitants autour d'un récit collectif. La situation relativement centrale de Fjordglimt est d'autant plus exceptionnelle que beaucoup de *kolonihaver* ont dû être déplacés en périphérie. Tel est le cas de Jørgen Berthelsens Minde où Jonna m'emmène à présent.

Sur la route, Jonna me montre son jardin dans la colonie. Celle-ci est entourée de champs à l'écart d'Aalborg. Elle a aménagé avec créativité la plupart des espaces intérieurs de la maison. Pour elle, la colonie est surtout l'occasion de développer une vie de famille plus profonde : « Ici nous n'avons pas de satellite et donc pas de télévision. Nous nous asseyons sur la terrasse et discutons. J'ai confié une partie du jardin à mes enfants pour qu'ils le personnalisent : ils décident ce qu'ils y plantent, se responsabilisent pour le suivi des cultures, bricolent et développent leur créativité. Mon fils m'a demandé l'autre jour si j'avais des matériaux à lui donner pour qu'il construise son propre système de canalisation d'eau à partir du conteneur central. » Depuis la maison de Jonna, quelques mètres nous séparent d'une éminente personnalité du quartier, l'habitant qui a reçu le prix 2015 du meilleur voisin.

Carsten Jensen est célibataire, électricien et électromécanicien, ancien employé chez Siemens. Comme il lui arrive souvent de dépanner d'autres membres de la communauté pour réparer l'électricité, le chauffage ou encore le réfrigérateur, un habitant a proposé au président de l'association de le présenter au concours des *kolonihaver* d'Aalborg pour l'élection du meilleur voisin. Son nom a rallié le plus grand nombre de signatures de soutien. « Vous pouvez être fier, vous avez reçu un très beau prix ! » s'enthousiasme Jonna. Carsten me propose du vin blanc puis me tend une bière de bienvenue. Malgré ses récents lauriers, il garde le discours modeste : « L'entraide est ici naturelle et n'est pas oppressante. Chacun aide quand il a un moment de libre. Nous veillons toujours sur les autres membres de la communauté pour nous assurer qu'ils vont bien. Nous gardons constamment un œil les uns sur les autres. » L'esprit des lieux associe donc visiblement gentillesse, bienveillance, considération, respect et sérénité. Le *kolonihave*, entre esprit de village et nouvelle urbanité, redorerait-il le blason terni de la proximité dans l'égarement des trajectoires urbaines ? ■

LA CONSTRUCTION DE L'HABITER

Mon immersion dans les communautés danoises se poursuit dans la grande région urbaine de la capitale. La plupart des trains reliant Copenhague à Roskilde marquent un arrêt à Trekroner Station. La station de train de banlieue a été initialement conçue pour desservir le campus de l'université de Roskilde (RUC) avant que la zone, isolée au milieu des champs, n'accueille en toute horizontalité plusieurs îlots résidentiels épars entrecoupés de champs laissés vierges. L'irrigation de l'archipel passe par des voies d'accès goudronnées (une voie dans chaque sens) doublées de pistes cyclables que rythment à distance régulière des ronds-points et des jonctions hollandaises. Peu de commerces, si ce n'est devant la sortie de la gare. Pas plus de trafic : le quartier semble encore enveloppé dans son film d'emballage. À intervalles constants, la route croise des voies cyclables réservées perpendiculaires qui s'enfoncent dans des herbes mi-hautes parsemées de quelques arbres. Vingt-cinq minutes seulement ont été nécessaires pour venir de Copenhague. Deux quais orientent les flux dans la station : « vers Copenhague » ou « vers Roskilde ». Nous sommes arrivés ici au bout du *Fingerplan*, ce plan en forme de main qui structure l'aménagement de la capitale danoise. La densité de population a largement diminué. Roskilde, 50 000 habitants, est pourtant à trois minutes seulement d'ici. Sortir de la voie ferroviaire, tracée au cordeau, suppose de s'ouvrir à l'espace interstitiel et à sa géométrie grise, aussi structurée qu'encore inconnue. **Mick Hart** m'a donné rendez-vous devant le panneau de signalisation de Munksøgård, indiquant l'entrée de l'écovillage, à côté du parking attenant en m'indiquant scrupuleusement par e-mail les coordonnées GPS. Avec Sébastien, un ami qui m'accompagne pour l'entretien, nous nous engageons sur le bord de la route avant de bifurquer dans un sentier gracile et boisé mais toujours bien référencé. Le paysage change progressivement à mesure que le bitume laisse place à la végétation : petits immeubles collectifs de deux ou trois étages, lac artificiel, maisons basses individuelles en bois, puis une ferme isolée dans un calme inspirant. Les routes goudronnées viennent mourir dans le creux d'un parking de graviers. Après une marche nocturne de dix minutes sur un sentier sans voiture, l'endroit paraît particulièrement champêtre. Nous parvenons enfin, après moult doutes, à retrouver Mick Hart, jeune apprenti forestier de 29 ans arborant de larges dreadlocks.

Mick nous emmène devant le plan du quartier construit en forme de fleur. Une ancienne ferme constitue le cœur central et est entourée de cinq îlots d'habitations, chacun organisé en cercle autour d'une maison commune et de plusieurs jardins. Mick nous décrit la géométrie implacable du quartier : « Munksøgård comprend cent logements répartis en cinq groupes différents de vingt logements (nommés *bogruppen*) : un groupe d'habitants en logements coopératifs, un groupe de propriétaires et trois groupes de locataires dont l'un est formé par des jeunes, un autre par des personnes âgées et retraitées et le dernier par des familles avec enfants. Nous parlons volontiers de *cluster-community* car si chaque ensemble a son autonomie, il fait aussi partie d'une communauté plus large. » Le quartier permet donc un subtil mélange entre confort de l'entre-soi et confrontation à la différence, entre individualisme et construction d'une mixité mesurée. Tout alternatif qu'il est, Munksøgård garde la rationalité de l'*homo oeconomicus*, mesurant les bénéfices et les coûts dans chaque situation.

La ferme au centre du dispositif date du XVIIIe siècle et était encore active au milieu des années 1990. En 1995, un groupe d'habitants venus de Copenhague se réunit en association (nommée Økobo puis Munksøgård dès 1997) afin de monter une communauté dans le secteur autour de règles alternatives. Ils acquièrent en 1997 les terres qui appartiennent à l'université ainsi que le droit de les développer avec l'aide de la municipalité. Les premiers résidents s'installent en 1999 et le site est progressivement aménagé pendant cinq ans en collaboration avec des cabinets d'architecture (Thure Nielsen & Rubow), des ingénieurs (Cenergia, Wissenberg), des bailleurs gouvernementaux gérant les parcs locatifs danois (Dansk Almennyttigt Boligselskab, Boligselskabet Sjælland) et les autorités locales. L'établissement du quartier entraîne même des innovations juridiques, la loi danoise n'était pas vraiment adaptée à la combinaison de plusieurs types de propriétés (location, propriété, partage) sur un même site.

Rien ne semble distinguer *a priori* Munksøgård d'un autre écoquartier européen, à condition qu'il figure au rang des très bons élèves. La mixité sociale semble assurée par la diversité des types de logement même si le prix au mètre carré paraît très élevé à l'achat (4 000 euros le mètre carré) et dans une fourchette plutôt haute à la location (1 000 euros mensuels pour un appartement de 78 mètres carrés). Les résidents font par la même occasion des économies sur plusieurs postes de dépenses grâce à une pratique étendue de la mutualisation (téléphone interne gratuit, connexion Internet groupée pour 8 euros, voitures partagées). La prise en compte de l'environnement est rigoureuse à tel point que certains habitants parlent d'écocommunautés : écoconstructions (paille, terre et bois), autonomie énergétique assurée par des sources renouvelables (centrales thermiques et panneaux solaires), promotion de l'alimentation biologique, compostage et tri des déchets. Pas de quoi impressionner Mick, l'air désolé ou un brin perfectionniste, qui semble s'excuser de ne pas aller plus loin : « Nos centrales thermiques fonctionnent avec des billes de bois importées de Suède mais aussi du Canada, ce qui n'est pas très durable. Nous essayons certes d'être *ecofriendly* mais à partir de quand une démarche écologique est-elle suffisamment écologique ? » Les routes sont tapissées de gravier et non de sel pour ménager les sols. Une dérogation a même été demandée vis-à-vis de la commune afin de bannir le bitume sur le site de la communauté, l'entretien des voies étant en contrepartie à sa charge. Le tout répond enfin à un certain modèle économique. Le verre et le carton à recycler sont par exemple revendus, ce qui permet à l'association de compléter la contribution globale versée par les résidents (830 000 couronnes annuellement, soit 18 843 euros). Socialement équitable, écologiquement vivable et économiquement viable, la quadrature du marketing bien rôdé du développement durable semble robuste.

Le rôle de place du village est assuré par le corps de ferme. Le site comprend des salles pour les activités communes (workshops libres, clinique de shiatsu, équitation), une boutique bio revendant des fruits et légumes des environs et un café. Dans une aile du bâtiment, des dizaines de vélos usés attendent d'être réparés. À l'entrée, une étagère remplie de meubles démontés et de vêtements invite Mick à évoquer la pratique danoise du *Bytte-nytte* (échange d'objets d'occasion). Des cagettes bleues parfaitement alignées proposent, gratuitement ou à moitié prix, des légumes en voie de péremption mais toujours consommables. Ce pendant alimentaire des marchés de seconde main permet à la communauté de lutter contre le gaspillage. De l'autre côté de la travée, un panneau rappelle les principales animations proposées dans les jours à venir. Munksøgård est tout à la fois un lieu d'habitation, de socialisation et de récréation. Certains trouveront l'approche sectaire ou coercitive, d'autres en apprécieront le volet ludique. Dans tous les cas, les résidents sont constamment pris en main.

Munksøgård frappe par son souci permanent d'optimisation, tirant l'organisation à l'extrême. Nous pouvons le mesurer lorsque Mick nous emmène visiter la maison commune du groupe des jeunes dont il fait partie. Celle-ci comprend des cuisines, une grande salle de réception agrémentée de lumignons et de bougies, une laverie collective et une petite mezzanine. Deux trentenaires épluchent des légumes en prévision d'une soirée musique. Un panneau d'affichage bien rempli attire mon attention, notamment deux fiches assorties d'une introduction bariolée. Mick m'éclaire à son sujet : « Notre communauté se structure en groupes de travail : des groupes externes chargés de tâches collectives pour tout l'écovillage et des groupes internes à l'intérieur des différents *clusters*. Pour vivre avec nous, il est impératif de donner de son temps dans au moins un groupe de chaque catégorie. » Deux listes sur des feuilles A4 rappellent donc le nom des responsables de chaque pôle thématique (en interne et en externe). Un chiffre, qui se trouve dans les cases de chaque groupe de travail entre parenthèses, rappelle combien de personnes sont requises au minimum. Des champs surlignés en jaune indiquent les groupes en sous-effectifs. L'usage de l'italique révèle le nom de ceux qui sont temporairement absents. À l'échelle de tout le quartier, des habitants sont ainsi attitrés à l'administration générale, au chauffage, au traitement des eaux usées, à l'entretien des toilettes, aux NTIC, à la maintenance des routes et au déneigement, à l'aire de jeux pour les enfants ou encore à l'accueil des visiteurs. À l'échelle du collectif des jeunes locataires, des habitants se consacrent à l'animation et aux rencontres, à la comptabilité, à l'espace blanchisserie, à l'entretien de la cuisine, à la gestion du potager ou encore à l'élevage de poules et de lapins.

La convivialité fait elle aussi partie de l'organisation comme le prouve un autre tableau à double entrée sur lequel mon regard s'attarde. Le document reprend scrupuleusement la répartition des volontaires pour la préparation des repas collectifs. Mick m'explique alors l'effervescence qui règne en cuisine : « Ils préparent le dîner pour demain soir. Les repas doivent être prêts pour 18 heures : si un volontaire est retenu par son travail jusqu'à 17 heures, il est donc contraint d'anticiper la veille. Bien entendu, tous les ingrédients doivent être issus de l'agriculture biologique. Les cases en vert sur le tableau indiquent nos membres végétariens. » À proximité, un calendrier archive mois après mois les événements qui ont marqué la communauté : fêtes d'anniversaire, « camping trip » en forêt, fête du *Fastelavn* (mardi gras) au cours de laquelle les enfants frappent sur un tonneau en bois rempli de cadeaux (une variante septentrionale de la *piñata*). Même ce qui est intangible s'organise : « Chez les jeunes, nous avons un groupe interne consistant à élever des poules. Nous ne le faisons pas pour obtenir des œufs ou de la viande, mais parce que cela nous fait plaisir et nous apaise. Un Danois utiliserait le mot *herlighedsværdi* pour qualifier une chose parfaitement inutile mais qui revêt une forte valeur d'agrément. Je dirais la même chose de nos jardins ou des vaches autorisées à rester sur des terrains municipaux afin que nous ayons la joie de les voir tous les jours. » Le plaisir aussi s'organise et répond ici à des règles bien définies. Je demande à notre guide si la communauté connaît parfois des conflits : « Très peu, me dit-il, mais il y aussi un groupe pour les résoudre. »

Nous retrouvons à Munksøgård le même laboratoire qu'à Samsø, une société durable en miniature et en vitrine, un prêt à exporter. Munksøgård est un Christiania plus professionnel puisque des journalistes, des chercheurs, des élus s'y rendent tous les mois. Au Danemark, combien pourrons-nous compter de Munksøgård aux règles disparates ? Le lendemain, après avoir regagné Copenhague, GPS à la main, nous visiterons dans le quartier d'Ørestad un immeuble aux allures pyramidales, le 8tallet. Au dixième étage du bâtiment, sur le toit, une promenade pédestre et une piste cyclable de 1,5 kilomètre. Dans les sous-sols, des ateliers de fabrication d'objets usés où de jeunes adolescents réparent avec zèle les micro-ondes cassés de leurs voisins retraités. Nous avons beau zoomer, les cellules communautaires se répètent à l'infini, là un quartier, là un immeuble, et notre esprit s'échauffe à chercher en vain le défaut, la faille, ce brin de chaos dans l'horloge mécanique. Sans doute désabusé par l'intérêt touristique qu'il provoque, assumant ou repoussant l'ambivalence du pionnier, ironisant lui-même sur un parallèle inassumé avec la réserve indienne, Mick m'écrit un dernier e-mail : « Je vous rassure, ceux qui s'inscrivent pour habiter ici sont bien des *Homo sapiens.* » ■

CHAPITRE IV

L'INTIME EN COMMUNAUTÉ

LES COQUILLES DANOISES

L'étude de la société danoise reste incomplète si elle n'intègre pas l'importance que revêt au Danemark « la culture du consensus », certains oseront dire du consentement. La confiance et le civisme offrent aux Danois l'assurance de vivre paisiblement dans l'ordre et l'harmonie, chacun restant à sa place, et de déjouer l'une de leurs peurs les plus prononcées : le conflit. Rares sont les grèves interminables, les manifestations viriles, les oppositions virulentes, les coups d'éclat : le vice serait de s'ériger contre le réel là où la vertu est de faire avec. Tomber d'accord vire à l'obsession à tel point que tout doit concourir au plaisir simple et jovial de l'entente : coalitions entre des partis politiques pourtant radicalement opposés, négociations collectives entre organisations syndicales et patronales aux niveaux étatique, sectoriel et local, participation active du citoyen à la vie publique et de l'employé à son cadre professionnel.

Ces coquilles rassurantes, de l'État providence à l'entreprise, traduisent avant tout la recherche permanente d'un sentiment de sécurité que plusieurs adjectifs et substantifs de la langue danoise évoquent : *tryg* (en sécurité), *trivsel* (bien-être), *hygge* (douce quiétude). Aussitôt après avoir conquis de nouveaux territoires, les Vikings, bien plus pacifistes que leur réputation ne le laisserait croire, ne songeaient d'ailleurs qu'à faire régner l'ordre, la paix et la justice afin de cultiver leurs terres en toute tranquillité. Le régime instauré en Normandie par le duc Rollon, né selon toute vraisemblance au Danemark en 845 (sources danoises), ne déroge pas à la règle : « La charrue reste la nuit dans les champs, les troupeaux n'ont plus besoin de gardien, les maisons n'ont pas de serrure, il est défendu de mettre quoi que ce soit sous clé. Les bracelets d'or de Rollon demeurent trois ans suspendus au "chêne à Leu" de la forêt de Roumare sans que personne n'ose y toucher » (traité de Saint-Clair-sur-Epte, 911).

Le besoin d'une enveloppe protectrice est loin d'être incompatible avec une forte capacité des Danois à innover, comme me l'avait confié à Paris le jeune anthropologue danois Lars Broslet. Celui qui a eu une idée nouvelle commence par sonder la manière dont celle-ci sera perçue par les autres, puis avance très progressivement son point de vue en veillant minutieusement à éviter les tensions. Lorsque la proposition finit par émerger, voire à s'imposer, ce sont les autres qui, ne voulant pas créer de conflits, s'y rallient volontiers. L'équilibre d'un funambule solitaire laisse place à la force inébranlable d'une foule aux gestes chorégraphiques. « Nous ne dirons jamais "allons prendre une bière" mais "que pensez-vous de l'idée que nous allions prendre une bière ?" » me confie-t-il en souriant. La suggestion finit souvent *a posteriori* par être performative. L'innovation naît paradoxalement du conformisme. Le Danemark étant un petit pays, une déclaration ou un article dans un journal peut générer plus rapidement une nouvelle manière de penser qui s'imposera pour les quatre ou cinq années suivantes. La force de frappe est d'autant plus importante que les Danois sont prêts à adapter leurs habitudes. Le Danemark est-il lui aussi un *Empire des signes* pour reprendre l'expression de Roland Barthes ? Le titre du premier recueil de poèmes de Vita Andersen qui m'accompagnait dans la suite de mon voyage semblait ouvrir une voie interprétative : les Danois seraient-ils des « drogués de la sécurité » (*Tryghedsnarkomaner*) ? Voilà la question que je souhaite poser à **Ove Kaj Pedersen**, politologue et économiste, et à **Hanne-Vibeke Holst**, écrivaine.

L'école de commerce de Copenhague est située dans le quartier vert de Frederiksberg à l'ouest du centre-ville. **Ove Kaj Pedersen** nous a donné rendez-vous dans une rue résidentielle où des maisons cossues servent de laboratoires de recherche. Il nous invite à poser nos questions en français et à y répondre en anglais. Ove a en effet vécu et étudié six ans à Paris. D'abord correspondant à l'étranger pour un journal danois, il a rapidement entamé des études de philosophie à l'université et suivi entre autres les enseignements de Michel Foucault et de Louis Althusser. « Dans mon jeune âge, j'étais marxiste, nous confie-t-il, maintenant je ne sais pas… Vous avez lu Henri Lefebvre ? » Un dialogue croisé franco-danois peut alors s'instaurer en toute confiance.

Vous avez écrit un livre sur l'expérience danoise, qu'entendez-vous par là ?

« L'expérience danoise », vous êtes sérieux ? Vous posez là une question trop large… Trois caractéristiques du Danemark me semblent cependant fondamentales. Tout d'abord, les considérations historiques ont probablement une influence plus importante sur les décisions prises au Danemark qu'en France. L'histoire danoise n'est pas plus terrible qu'une autre : nous n'avons même jamais connu de révolutions. Le Danemark est sans doute la monarchie qui a concentré le pouvoir absolu pendant la plus longue période. Le pays a cependant perdu aux XIXe et XXe siècles son statut d'empire à l'échelle européenne pour devenir l'un des États les plus petits du monde. Notre roi a été assez stupide pour soutenir Napoléon. Nous avons été battus deux fois par les Britanniques, deux fois par les Allemands, après avoir été battus plusieurs fois par les Suédois. Ces défaites ont introduit la notion de vulnérabilité dans le récit national. Le Danemark est comme un petit garçon dont la souveraineté ne peut jamais être totalement garantie. La seconde dimension de l'expérience danoise se situe presque à rebours de la première. Je la définirais comme l'injonction du « soyons petit ! », une certaine arrogance qui a permis au Danemark en tant qu'État et Nation de survivre ces deux derniers siècles dans des conditions particulièrement tendues. Depuis la fin du XIXe siècle, notre situation est en effet géopolitiquement l'une des plus dangereuses au monde :

Russie/Union soviétique à l'est, Allemagne au sud, Grande-Bretagne à l'ouest, Suède au nord. En raison de nos atouts stratégiques (détroits, accès aux mers du Nord et Baltique, ferme du monde), toutes les puissances mondiales ont tourné leurs regards – pas toujours bienveillants – vers nous. Nous avons ainsi vu arriver Hitler, les navires russes, américains ou européens. Cela explique une forme de pragmatisme ou de réalisme que nous adoptons dans la recherche constante du compromis et qui constitue la troisième dimension. Pour affronter les puissances extérieures, les Danois doivent faire front et maintenir leur homogénéité. J'utilise dans certains de mes livres l'acronyme IDIOT afin de résumer mon raisonnement à propos de l'expérience danoise : des Idées (la Nation, la vulnérabilité, l'importance de l'histoire), incarnées par des Discours (une mythification du passé, des récits imaginaires), conduisant à une dynamique d'Institutionnalisation (mouvements sociaux, fort corporatisme) portée par un ensemble varié d'Organisations (syndicats, partis, associations) au sein desquelles les principales Transformations émergent.

Pouvez-vous nous donner un exemple concret de cette quête de consensus ?

Le corporatisme, qui est né avec les mouvements sociaux (fin XIXe-début XXe siècle) et que nous avons développé après la Seconde Guerre mondiale, traduit notre recherche de consensus. Dans un tel système corporatiste, que nous retrouvons en Allemagne, en Autriche ou aux Pays-Bas, les organisations patronales, les syndicats professionnels, les associations d'employés et même des représentants de la société civile sont pleinement intégrés dans le jeu politique. L'institutionnalisation des conventions collectives au sein du marché du travail date chez nous de 1899, ce qui classe le Danemark parmi les pays les plus précoces dans ce domaine aux côtés de la Nouvelle-Zélande. Des intérêts divergents sont régulièrement portés au sein de comités, conseils, organes tripartites, où lois et accords sont négociés avant même leur présentation devant le Parlement, ce qui permet de réguler les débats et de prévenir les conflits. Un penchant vers le dialogue a permis aux partenaires sociaux d'organiser temps de travail, vie en entreprise, salaire minimal et conditions de licenciement par voie de convention et non prioritairement de législation. Ce système est décliné dans chaque ministère mais aussi au niveau régional et local. Le taux de syndicalisation est particulièrement élevé dans le pays, 67 % en 2013 d'après l'OCDE, contre 8 % en France et 18 % en Allemagne. Chaque Danois est en moyenne membre de 2,3 organisations (hors partis politiques) au cours de sa vie. Les seuls pays qui peuvent avancer de tels chiffres, hors voisins nordiques, sont des États comme Taïwan ou Singapour qui ne sont pas des modèles de démocratie. Au sommet du pouvoir, notre système électoral force les partis politiques à interagir au sein de larges coalitions. Contrairement à la Suède ou à la Norvège, nous n'avons connu qu'au cours de très brèves périodes la présence d'un seul parti au gouvernement. Notre système danois de prestation sociale (*Velfærdsstaten i Danmark*) est ainsi le résultat d'un compromis entre la gauche, le centre et la droite et non le produit d'une hégémonie sociale-démocrate. Aucun parti, même conservateur, n'a jusqu'ici tenté de le remettre en cause ou de le transformer car tous avaient contribué à le créer.

Comment expliquez-vous la différence de culture politique entre le Danemark et la Suède ?

Les pays nordiques ne sont effectivement comparables que jusqu'à un certain point. Une première différence entre les voisins danois et suédois tient à une pratique décalée de la religion luthérienne et à une histoire en partie divergente. La Suède est restée neutre pendant la Seconde Guerre mondiale alors que le Danemark et la Norvège ont été occupés, ce qui a fortement influencé la période d'après-guerre. Le Danemark n'a pu se développer et sortir de la pauvreté qu'après le retour à la paix, au cours des années 1950/1960. La structure économique des deux pays constitue un deuxième critère de différenciation. L'économie danoise, principalement agricole, comprend un tissu de petites et moyennes entreprises. La Suède présente une structure plus nettement industrielle avec de grands groupes internationaux particulièrement compétitifs comme Volvo, SAAB ou Ericsson et le développement de produits manufacturés à très forte valeur ajoutée. Sur un plan politique, les institutions sont davantage influencées en Suède par l'Allemagne et au Danemark par la Grande-Bretagne et la France. Beaucoup de débats constitutionnels se sont inspirés des Constitutions britannique et française. Enfin, la Suède dispose d'une grande armée (30 000 actifs et 23 000 réservistes) et d'industries d'armement. Depuis la défaite contre les Allemands en 1864, nous n'avons jamais développé nos forces militaires. Notre armée est minuscule bien qu'efficace (forces spéciales). Elle a combattu au Kosovo, en Afghanistan et en Irak, mais son action reste très circonscrite. Hitler n'a pas voulu envahir la Suède car il n'avait aucune garantie de pouvoir la vaincre. Le sentiment de vulnérabilité n'est pas si fort en Suède puisqu'elle dispose de la capacité de se défendre.

Beaucoup d'observateurs ont évoqué à la fin des années 2000 une remise en question du modèle danois, êtes-vous de ceux-là ?

Le prétendu miracle danois n'a jamais existé. Quand nous parlons de modèle, nous sous-entendons un ensemble de caractéristiques : institutionnalisation des conflits sociaux et des négociations sur le marché du travail, corporatisme, interactions politico-syndicales, coalitions politiques, fort État providence et recherche d'un bien-être minimal de la société. Ce système a connu depuis cent cinquante ans plusieurs adaptations au gré du contexte international. Lors de la crise de 2008-2009, des indicateurs comme le taux de chômage ou le taux d'exportation n'ont pas subi d'importantes variations en Allemagne, en Suède ou au Danemark comme ce fut le cas en France, en Espagne, en Grèce ou en Grande-Bretagne. Les pays nordiques, subissant certes d'importantes tensions, ont surtout démontré une forte propension à la résilience et une expérience des chocs économiques. Les premières refontes du modèle danois datent en réalité de la crise économique de 1973, la première depuis la Seconde Guerre mondiale, qui ne s'achève que dans le milieu des années 1990. Cette période est marquée par une succession d'événements défavorables : démantèlement du système de Bretton Woods en 1971, diminution du rôle des capitaux américains en Europe, changements géopolitiques avec la chute du rideau de fer. Une longue période de réformes s'étire alors jusqu'à aujourd'hui : transformation du système de protection sociale, révision de l'assurance chômage, coupes budgétaires, réorientation des dépenses. Notre réactivité vient aussi de notre rapport au risque et à l'audace. Les transformations de notre économie ont été décidées collectivement, avec l'aval d'un large spectre politique. Si l'organisation connaissait aujourd'hui une faille ou une crise, la responsabilité serait entièrement partagée. Une mauvaise décision peut mettre en danger l'ensemble du pays. Nous ne prenons jamais de risques inutiles. Nous privilégions plutôt les évolutions lentes dont nous serons sûrs qu'elles seront robustes et feront l'objet plus tard de longs applaudissements. Chutes et ascensions sont toujours collectives. Nous sommes loin des coups de théâtre français d'avant-représentation avec ses grèves, ses coups de sang *a posteriori*, portant haut et fort les revendications de la société civile au milieu d'une hyper-présidentialisation étouffante.

Le Danemark connaît-il pour la première fois une croissance des inégalités ?
Le niveau d'inégalité n'atteindra jamais au Danemark celui des États-Unis, de la Grande-Bretagne ou même de l'Allemagne. Nous vivons toujours dans l'un des pays les plus égalitaires du monde. Pourtant, une différence sourde s'établit entre ma génération et celle de mes enfants, entre ceux qui ont pu acquérir leur propre appartement ou maison et ceux qui sont contraints de rester locataires. Traditionnellement, 90 % de tous les Danois appartiennent à la classe moyenne, les autres entrant dans la catégorie des plus pauvres ou des plus riches. Notre système progressif d'impôts fait que personne ne peut vraiment devenir très riche ou très pauvre au Danemark. Aujourd'hui, les écarts au sein de l'immense ventre mou s'étirent doucement entre une classe moyenne supérieure et une classe moyenne en proie au décrochage. Je vois cinq raisons principales à cette évolution. Il est bien entendu possible d'incriminer les réformes accentuant la flexibilité et diminuant la sécurité. Une deuxième explication est à trouver dans l'exigence accrue de compétence et d'un niveau de formation minimal sur le marché du travail. Des travailleurs de ma génération qui n'ont pas pu actualiser leur savoir-faire dans les années 1980-1990 ou des jeunes trop faiblement qualifiés ou spécialisés se retrouvent défavorisés lors de leur recherche d'emploi. Troisièmement, notre génération a pu, dans des contextes plus favorables, devenir propriétaire de biens immobiliers ce qui génère un investissement refuge pour les quinquagénaires ou sexagénaires. Quatrièmement, une partie importante de ma génération (ce n'est pas mon cas) a eu l'occasion d'investir dans des obligations ou actions au cours des années 1990 grâce auxquelles certains ont gagné beaucoup d'argent. Enfin, la hausse de l'immigration vers le Danemark a créé des cas de pauvreté en raison d'une employabilité variable des nouveaux arrivants.

Pour caractériser ces évolutions, vous évoquez dans le titre de l'un de vos livres l'émergence d'un État compétitif (*Konkurrencestaten*), de quoi s'agit-il ?
Après les années 1980-1990 et avec l'adhésion à la Communauté économique européenne, les frontières danoises se sont considérablement ouvertes. L'agriculture et l'industrie danoise ont été obligées de s'intégrer dans le marché européen et global. Le bien-être a cessé d'être un objectif politique pour l'État comme durant l'après-guerre (1940-1980) pour devenir un simple moyen de rendre l'État plus compétitif. La compétitivité est devenue le fil rouge, la force, l'impulsion pour de nombreuses lois ou réformes transformant en profondeur le système de protection sociale, les règles du marché du travail, les principales institutions financières. Nous passons progressivement d'une structure corporatiste à un modèle plus libéral, orienté vers les lobbies, ponctué de collaborations plus informelles entre les syndicats, le patronat et les associations d'employés. Le système corporatiste est en partie en voie de démantèlement. ■

LA BRISURE DE L'IDÉAL

À mesure que nous discutons du système politique danois, des épisodes de *Borgen* me reviennent en mémoire. Si la série a été créée par Adam Price, elle a été entre autres très inspirée du roman d'une ancienne journaliste politique et militante féministe, **Hanne-Vibeke Holst**, intitulé *L'Héritière*. Membre de la Commission danoise de l'Unesco, Hanne-Vibeke reste profondément engagée. Je la rencontre à Caen à l'occasion du festival Les Boréales où elle participe à une table ronde sur la vie politique danoise avec François Zimeray, ambassadeur de France au Danemark. Les personnages de fiction traduisent les ambiguïtés du pays déjà soulignées par Ove à Copenhague.

Lorsque j'ai commencé la lecture de *L'Héritière*, j'avais l'image d'élus politiques danois proches des citoyens, simples, accessibles, et pourtant quand Charlotte Damgaard entre dans l'arène politique en tant que nouvelle ministre de l'Environnement, elle découvre des élus vieux, très éloignés des préoccupations quotidiennes, obnubilés par les querelles de partis. Est-ce un autre visage du climat politique au Danemark ?

Nous ne sommes pas un système politique à part qui serait exempt de luttes pour le pouvoir. Lorsque Charlotte rejoint l'arène politique, elle est encore trop vulnérable, naïve, idéaliste : elle prend le risque de se faire broyer. Elle doit apprendre à naviguer dans le monde qu'elle rejoint et trouver les clés pour y survivre. Les obstacles ne viennent pas seulement des autres partis mais aussi du sien. Se protéger prend un certain temps et exige un fort degré de pragmatisme que Charlotte n'a pas encore. Subsister dans ce milieu sans forcément devenir cynique, en protégeant ses valeurs et ses croyances, est possible à condition de faire preuve de patience pour faire évoluer les situations par la négociation tout en en restant stratégique.

Vous qualifiez dans le livre Charlotte de « différente ». Vous dites qu'elle « était moderne dans le bon sens du terme, dans le sens danois du terme ». En quoi trouvez-vous Charlotte si danoise ?

J'ai écrit *L'Héritière* il y a plus de dix ans. À cette époque, nous avions toujours l'impression que, nous, Danois, étions différents, sans doute un peu meilleurs que le reste du monde avec notre sens du consensus, nos bonnes manières, notre calme, notre recours à la négociation plutôt qu'aux coups bas. Je ne suis pas sûre que tout ceci soit encore d'actualité. Bien sûr, la recherche du consensus est souvent plus souhaitable que les confrontations violentes, les conflits ou même les guerres.

Cependant, celui qui érige le consensus en priorité absolue doit faire des compromis, se compromettre, y compris en renonçant à ce qui est important pour lui. Le danger d'un tel système est la désillusion individuelle. Le consensus exige un équilibre délicat et piégeux entre l'intérêt de tous et les valeurs de chacun. Beaucoup de citoyens danois pensent qu'ils doivent adhérer à la plupart des décisions prises, malgré quelques désaccords ou revendications à la marge qui devront aboutir *in fine* à un ralliement. Une telle communion est impossible à l'échelle de l'ensemble de la société danoise, soit environ cinq millions d'habitants. En réalité, sous la surface policée de ce que chacun accepte, une force plus personnelle grandit sans cesse : la prise de conscience parfois violente de l'écart entre ses propres convictions et la voie médiane suivie. Nous devons réaliser qu'il n'est pas nécessaire d'adhérer à tout mais seulement de s'entendre sur la manière de résoudre les problèmes majeurs : vous acceptez que mon avis soit différent du vôtre, j'accepte aussi que le vôtre soit différent du mien et nous nous rencontrons au milieu pour trouver, pragmatiquement, une solution. Nous devons rester ouverts aux différences et aux oppositions et ne plus les enfouir dans de pesants non-dits.

Comment s'expriment les frustrations dont vous parlez dans la société danoise d'aujourd'hui ?

Les résultats des élections danoises, au moins ces quinze dernières années, m'ont particulièrement frappée par la polarisation grandissante des votes. Les blocs rouges (sociaux-démocrates) et bleus (Parti libéral) affichaient auparavant constamment un score de 50-50 avec un faible avantage pour l'un ou l'autre. Certes, le tripartisme n'est pas encore installé mais les résultats du Parti populaire danois (*Dansk Folkeparti*) grandissent. Même s'il ne participe pas directement au gouvernement, suite à la décision de son leader Kristian Thulesen Dahl, il influence forcément les politiques du gouvernement libéral (*Venstre*) de Lars Løkke Rasmussen, troisième parti seulement de l'élection législative de juin 2015. Le Parti populaire avait déjà réalisé un excellent score lors des élections européennes de 2014, où il était arrivé en première position.

Le système de protection sociale contribue à ces positions radicales, certains Danois craignant que les réfugiés aient accès aux mêmes services, droits et avantages qu'eux pour un coût trop élevé pour la société. Nous assistons à un « chauvinisme du bien-être » (*welfare chauvinism*) pour reprendre l'expression des deux chercheurs nordiques Jørgen Goul Andersen et Tor Bjørklund. Le travail se situe au cœur même du processus danois d'intégration, de socialisation et d'établissement de la confiance, en raison de taux très forts de syndicalisation et du rôle joué par les conventions collectives. L'État providence n'est en aucun cas une forme d'altruisme mais le produit d'une réciprocité construite par l'emploi et traduite par l'impôt prélevé à la source. Dans ce système, où le gain obtenu est le fruit de la contribution, le demandeur d'asile peut être perçu comme celui qui exige sans prendre sa part de responsabilité. L'extrême droite danoise s'est fortifiée autour de ce fil directeur. Le Parti du progrès (*Fremskridtspartiet*), fondé en 1972, très libéral sur le plan économique, dénonçant un État trop présent et un taux d'imposition trop élevé, avait déjà connu un second souffle à partir de la fin des années 1980 en lançant la bataille d'un nouveau chauvinisme. Il souhaitait restreindre les prestations aux seuls nationaux. Cette position a attiré à lui un électorat populaire qui avait besoin des aides sociales mais souhaitait les réserver aux seuls Danois. Le Parti populaire danois créé en 1995 a largement repris ces thématiques.

Au cours des années 2015-2016, des mesures ont été prises afin de durcir la politique envers les réfugiés : « loi des bijoux » permettant à la police danoise de confisquer argent et biens dont la valeur dépasserait 10 000 couronnes (1 340 euros) pour financer les aides sociales, allongement du délai pour les rapprochements familiaux d'un à trois ans, augmentation du niveau des tests de culture générale nécessaires à la naturalisation. Jusqu'ici les Danois revendiquaient une société capable d'intégrer de nouveaux habitants et d'absorber de nouvelles influences. Nous étions inspirés par la Déclaration universelle des droits de l'homme de 1948. Le plus dramatique aujourd'hui est le passage d'une défiance envers les étrangers purement rhétorique et incantatoire à une traduction concrète dans la législation sous la pression du Parti populaire mais avec le soutien d'une grande partie de la classe politique, tous bords confondus.

Une évolution cette fois positive du paysage politique tient à la présence accrue de femmes dans des postes à responsabilité. Votre livre suit ainsi le parcours de Charlotte. En quoi sa réussite traduit-elle une avance des Danois sur l'égalité entre les sexes ?

À l'époque où j'ai écrit *L'Héritière*, beaucoup de jeunes femmes émergeaient effectivement dans le paysage politique danois. Charlotte est le produit de plusieurs figures de cette période sur lesquelles j'ai porté mon admiration. Je pense par exemple à Margrethe Vestager Hansen, ancienne ministre de l'Éducation (1998-2001), de l'Économie et de l'Intérieur (2011-2014), aujourd'hui commissaire européenne à la Concurrence, ou à Mette Frederiksen, actuelle présidente des Sociaux-démocrates, élue députée en 2001 à seulement 24 ans. J'aurais également pu citer Helle Thorning-Schmidt, Première ministre du pays de 2011 à 2015. La fin de la décennie 2000 marque donc l'arrivée de plusieurs femmes à la direction des partis, dans des ministères stratégiques ou même à la tête d'un gouvernement. Certes, il s'agit de postes exposés et visibles mais je constate, au même moment, une baisse de la représentation des femmes dans les autres institutions politiques locales ou nationales.

Au Danemark comme ailleurs, la position de la femme politique est très délicate. Les médias ont tendance à l'enfermer constamment dans la sphère domestique : êtes-vous une bonne mère ou une mauvaise mère, une bonne ou une mauvaise épouse ? Esquiver ces questions sans passer pour une personne froide et fermée tient du défi. Une suspicion est souvent jetée sur l'équilibre fragile entre temps de travail et vie de famille. Ces clichés subsistent, y compris dans un pays aussi égalitaire et émancipé que le Danemark. Dans mon livre, je me suis intéressée à la place des hommes. Ils souhaitent bien sûr pour la plupart encourager leurs compagnes à mener leur carrière mais cela ne les empêche pas de se sentir parfois délaissés. La culture patriarcale continue d'influencer inconsciemment nos positions. Nous avons tendance à considérer que l'égalité entre les sexes est une question réglée dont nous ne devrions plus parler mais les hommes doivent pouvoir aussi s'exprimer sans tabous.

Si les pays nordiques sont plutôt en avance sur l'égalité hommes-femmes, différentes approches subsistent. En Suède, la question de l'égalité des sexes a pris dès le départ une coloration politique puisqu'elle a été principalement promue par les sociaux-démocrates. Des médiateurs (*Ombudsman*) sont toujours habilités à recevoir des plaintes en cas de discrimination (salaire, préjudices). Au Danemark, le sujet, porté par des mouvements alternatifs de la fin des années 1960, est resté au contraire apolitique. Les élus, notamment libéraux, ont eu tendance à considérer que le débat tenait de la sphère privée et que leur rôle n'était pas de l'organiser, d'où une certaine absence de cadres malgré plusieurs lois favorables et une précocité de certains acquis comme le droit de vote et l'éligibilité des femmes instaurés dès 1915. Le Danemark présente par exemple une législation moins complète que la Suède sur la paternité. En Suède, les congés de paternité sont surveillés : si les pères ne les prennent pas, le couple en perd une partie.

Sur les 480 jours de congé parental, 360 sont à répartir librement, 60 sont réservés au père et 60 à la mère, ces deux derniers n'étant pas transférables de l'un à l'autre. Au Danemark, les congés de paternité sont à l'inverse volontaires et ne durent que deux semaines après la naissance.

Le Danemark est une monarchie constitutionnelle, quel rôle la reine Margrethe II exerce-t-elle sur la vie politique danoise ?

Les Danois sont très fiers de leur reine. Selon un sondage réalisé en 2015 par le journal *Politiken* et par la chaîne TV2, seulement 18 % des Danois pensent qu'elle devrait abdiquer. La simple présence d'une famille royale fait qu'aucun homme politique ne cherche à ressembler à un monarque. Personne ne prétend être un nouveau Napoléon. La reine offre donc une certaine modestie aux élus. Elle n'est pas censée s'immiscer dans des considérations politiques et n'a pas de pouvoir réel mais elle garde une autorité morale. Chaque année, elle donne un discours très suivi pour le nouvel an et appelle les citoyens à prendre du recul sur les événements passés. Nous savons dans des moments comme ceux-là que notre mère nous regarde. ■

L'AUDACE AU POUVOIR

Le cœur politique danois est le château de Christiansborg qui concentre tout à la fois le siège du Parlement (*Folketing*), les services et le cabinet du Premier ministre, et la Cour suprême de justice. *Borgen* ou pas, le lieu est très touristique, à tel point que le pouvoir deviendrait presque nombriliste. Comment qualifier l'espace dans lequel nous pénétrons : château, musée, institution, vitrine, décor, studio de cinéma ? La tour de 106 mètres, accessible par une succession d'ascenseurs et d'escaliers, offre une vue panoramique sur la ville. Des portes dérobées interdites au public ouvrent sur un imaginaire proche du jeu de société *Risk*. J'imagine derrière ces cloisons, dans un parcours parallèle, où tous progressent sans se croiser, des complots, des tractations, des revirements. Pour l'heure, je dois me rendre dans un autre Christiansborg, celui qui n'a pas été aménagé pour les touristes, une zone grise des plans ludiques sur lesquels figurent les principales attractions (tapisseries et dorures en guise de montagnes russes). Le sentier est beaucoup moins balisé : beaucoup de portes, d'ailes, de cours que je traverse à l'aveugle. Je monte quelques escaliers extérieurs pour atteindre l'entrée dans une aire sécurisée où cette fois le sésame ne sera pas la patience d'une à deux heures de queue. Mon passeport ouvre sur la salle des pas perdus (*Vandrehallen*) où des portraits des anciens Premiers ministres et présidents du Folketing s'égrènent comme dans un château de Louis II de Bavière. Quelques portes automatiques plus tard, nous pénétrons dans un long couloir terne aux bureaux clos puis débouchons sur un couloir curieusement repeint en vert. Les salles sont cette fois entrouvertes. J'y aperçois des tableaux Velleda noircis de concepts et de cartes heuristiques, autour desquels des jeunes au look décontracté débattent un café à la main. Je retrouve **Magnus Harald Haslebo**, chargé des relations avec la presse du parti Alternativet (L'Alternative). 34 ans, chemise blanche et pull bleu, cheveux roux, Magnus m'inspirerait presque l'envie d'aller voir un concert à Roskilde avec lui si la répétition des sonneries ne me rappelait pas que nous sommes bien dans un parlement.

L'Alternative a été créée en novembre 2013. Pourquoi avoir décidé d'en faire un parti et non un *think tank* ou un mouvement plus informel ?

Les habitants ne peuvent s'engager que dans une structure qu'ils reconnaissent. Un parti a une visibilité plus importante qu'un *think tank*. L'Alternative est cependant bien plus qu'un simple parti. Nous avons défini des lignes directrices par la rédaction d'un manifeste et articulons toutes nos actions autour de six valeurs fondamentales (courage, générosité, transparence, humilité, humour, empathie). Sur ces seules bases, nous avons suscité une constellation de différentes structures. Un mouvement (*bevægelse*) est par exemple né sous la forme d'une association de 11 000 membres qui coordonne ses propres activités : des écoles d'été, un magasin de vêtements écologiques en ligne, un groupe de réflexion, un laboratoire de projets durables (équipement en panneaux solaires d'une école à Slagelse, Seeland), des fonds d'aides à l'étranger (6 700 euros récoltés pour les gardes-côtes espagnols). Cette plateforme citoyenne se décline localement dans dix régions du Danemark et est légalement indépendante du parti. Si elle ne peut contribuer à le financer, celui-ci étant subventionné par l'État danois, une part de l'argent que nous touchons peut parfaitement appuyer les projets de l'association qui fonctionne grâce au bénévolat et au volontariat. Un petit parti comme L'Alternative peut chez nous promouvoir ses idées et être élu au sommet de l'État car nous n'avons pas de limite de voix pour le financement des campagnes, contrairement à la France. Un nombre minimal de 20 000 signatures au sein du corps électoral est simplement requis pour enregistrer un mouvement comme parti et présenter des candidats aux scrutins électoraux.

Nous ne nous enfermons pas dans l'idée de parti car nous pensons qu'aucune des problématiques actuelles ne peut se résumer à une doctrine unique, qu'elle soit socialiste, sociale-démocrate ou néolibérale. La complexité des enjeux suppose que nous combinions le meilleur de chaque approche. Prenons le revenu universel déjà expérimenté en Finlande : nous sommes le seul parti à l'avoir proposé dans notre programme. Quand nous en parlons autour de nous, certains nous disent qu'il s'agit d'une proposition socialiste, voire communiste. Pourtant, l'idée avait été évoquée par des libéraux comme Adam Smith ou Milton Friedman. Le revenu universel entre à la fois dans la recherche très socialiste d'une plus grande égalité et dans une volonté plus libérale de permettre à chacun d'exprimer son potentiel.

Nous souhaitons par notre double activité (parti et association) impliquer les citoyens plus directement afin de les inciter à modifier leurs comportements. Nous avons effectué plusieurs sondages auprès de nos membres en leur posant des questions telles que « avez-vous changé vos habitudes depuis que vous adhérez à Alternativet ? ». Certains de nos adhérents mangent par exemple moins de viande, notre parti luttant contre une consommation excessive de produits carnés.

Comment réussissez-vous à redonner confiance aux citoyens ?

Nous avons inversé la logique des partis politiques existants. Ils naissent la plupart du temps sous l'impulsion d'élus qui cherchent ensuite à élargir l'assise de leurs adhérents afin de financer leurs campagnes. Lorsque les soutiens se font plus rares, un financement auprès du secteur privé ou des banques est parfois envisagé. Ces collusions peuvent influencer les orientations adoptées ou être à terme mal perçues par la population. Pour notre part, nous avons commencé par créer un projet collaboratif à partir d'aspirations citoyennes. Nous avons organisé des workshops dans l'ensemble du pays en lançant des invitations *via* les réseaux sociaux. Les participants pouvaient être membres d'un autre parti ou n'adhérer à aucun mouvement politique. Nous avons collecté différentes idées, vérifié si elles étaient conformes au manifeste et à nos valeurs, puis les avons intégrées dans notre projet. Notre programme de 62 pages a pu être présenté et validé en mai 2014. Il s'agissait de la première expérience mondiale de *crowdsourcing* mené par un parti politique à partir de vingt laboratoires répartis dans tout le pays.

De manière générale, les citoyens ont du mal à imaginer qu'ils peuvent avoir une influence sur ce qui se passe à Christiansborg. Nous essayons d'ouvrir leurs perspectives. Nous promouvons en ce moment la pratique très populaire en Finlande du « ministère ouvert » (*open ministery*) : les citoyens peuvent avancer des propositions qui seront ensuite étudiées au Parlement. Nous avons ainsi soutenu la création d'une plateforme d'initiative publique au Danemark : l'idée d'un citoyen ralliant 50 000 signatures devra être ajoutée à l'ordre du jour de l'Assemblée et étudiée par les députés.

Depuis que vous êtes entrés au Parlement danois, quelles lois ou actions concrètes avez-vous pu promouvoir ?
Nous avons rassemblé une majorité contre le gouvernement pour deux décisions importantes : une ouverture à la délibération des citoyens *via* une plateforme d'initiative publique et la légalisation du cannabis. Nous légalisons actuellement le cannabis pour des usages thérapeutiques. Nous souhaitons aller plus loin et légaliser complètement le cannabis comme aux États-Unis. L'argent de la drogue est généralement versé aux gangs et aux organisations criminelles. En légalisant la marijuana, nous contrôlerons mieux la production et le taux de THC d'où vient la dangerosité du produit. L'État pourra prélever de l'argent et financer des campagnes de prévention à destination des fumeurs.

Beaucoup analysent votre arrivée comme l'irruption d'une manière radicale de faire de la politique, comment la définiriez-vous ?
Notre communication est très différente des partis traditionnels, comme en témoignent les six règles que nous nous astreignons à suivre lors des débats politiques : porter

attention à la fois aux avantages et aux inconvénients de ce que nous suggérons (1), écouter davantage que nous parlons et aller sur le terrain de nos opposants (2), insister sur les valeurs se cachant derrière nos arguments (3), reconnaître sincèrement quand nous ne pouvons pas répondre à une question ou quand nous avons eu tort (4), se montrer curieux envers ceux avec lesquels nous débattons et envers leurs positions même si nous ne les partageons pas (5), expliquer de manière ouverte et impartiale comment notre vision pourrait être appliquée (6). Nous ne cherchons pas à nous battre avec les autres partis, y compris dans des médias avides de clashs. Nous pouvons ne pas être d'accord avec d'autres orientations politiques sans considérer qu'elles sont idiotes. Dans un climat d'escalade de la conflictualité, nous choisissons la désescalade. Nos interventions privilégient la qualité à la quantité, loin d'une quête de visibilité à n'importe quel prix.

Notre credo est aussi d'injecter de la créativité à Christiansborg. Le Parlement est trop souvent un lieu où l'erreur est interdite. Si vous vous trompez dans une seule *slide* de votre Powerpoint, la moitié du Parlement vous prend pour un idiot. Personne dans un tel lieu n'est plus capable de prendre le moindre risque, de chercher, d'expérimenter. Les grandes idées ne naissent plus ici. Notre communication s'accorde cette part de folie. Nous avons par exemple réalisé un clip de campagne où nos représentants politiques jonglent, marchent sur un fil ou font du hula hoop sur un fond noir tout en énonçant leurs propositions. Uffe Elbæk, le président de notre parti, rejoint à la fin ses collègues rassemblés en faisant des saltos. La vidéo a coûté 100 000 euros, les frais étant couverts par des dons et le bénévolat des personnels techniques (cameramen, techniciens en effets spéciaux, monteurs) engagés à nos côtés.

Ne craignez-vous pas que la fréquentation assidue du Parlement ne vous transforme en un parti comme les autres ?

Nous ne sommes pas inquiets mais nous restons vigilants à ce que nos esprits restent libres. Pendant deux mois, nous avons invité un artiste danois, Michael Brammer, à venir créer son *Live Studio* dans les bureaux du Parlement. Michael Brammer est un provocateur qui a accumulé plusieurs scandales : il a notamment tué, étouffé et farci quatre bébés labradors pour son exposition « Love » dans l'église Saint-Nicolas de Copenhague. Nous souhaitions être bousculés et dérangés dans nos habitudes. Pour la première fois, un bureau d'un parti du Parlement était confié à un artiste. Michael a créé une salle de créativité et a invité nos membres et d'autres partis politiques à participer à des sessions de *design thinking*. L'administration du Parlement était au départ très réservée, trouvant la démarche peu sérieuse. Pourtant, lorsque nous avons voulu chercher un nouvel artiste pour remplacer Michael, la présidence est venue en personne inaugurer la session.

À notre arrivée, nous avons également modifié la configuration de l'hémicycle. Traditionnellement, les partis qui disposent de plusieurs députés obtiennent deux ou trois sièges dans les premiers rangs. Cette configuration nous obligeait à siéger les uns derrière les autres selon un dispositif en camembert convergeant vers Uffe Elbæk. Afin de favoriser la concertation, Uffe a demandé à siéger au fond de la salle avec les autres députés de son parti, ce qui a provoqué la stupeur d'une administration peu habituée à ce type de demande. De même, la plupart des partis disposent de larges bureaux individuels dans les couloirs de Christiansborg. Uffe a choisi de partager le sien avec quatre personnes. Nous avons mutualisé les salles pour optimiser les interactions et libérer de la place à destination des ONG et associations.

Nous gardons en permanence des liens étroits avec l'ensemble de la société : nos députés donnent régulièrement rendez-vous aux citoyens qui le souhaitent dans des cafés afin d'échanger de manière plus informelle. Pour plus d'interactivité, nous utilisons une application nommée *Appgree*. Nous posons des questions, les membres ayant un laps de temps défini pour y répondre. Les réponses sont ensuite soumises à un vote binaire (oui ou non). Sur la base de ces deux premières étapes, *Appgree* sélectionne les publications les plus populaires qui deviennent automatiquement plus visibles. Tous les participants alimentent le processus en suggestions. L'application nous aide à recueillir l'avis des internautes lorsqu'un autre parti engage une réforme ou propose une loi. Tous les mardis, nous pouvons aussi poser trois questions au Premier ministre. Nous préparons deux questions nous-mêmes, la troisième étant issue de l'application.

Un dernier gong retentit. Magnus se lève : « Si vous devez me citer dans le livre, merci de m'envoyer votre texte avant afin que nous le validions. Nos politiques sont absents aujourd'hui, nous verrons si cela correspond. » Je suis alors pris dans un vertige si propice en ces lieux. Suis-je moi-même prisonnier d'une immense campagne de promotion ? Et si j'étais moi aussi le relai consentant d'un spot publicitaire sexy qu'il venait de me livrer ? Je venais de boire des paroles relax, peut-être celles d'un parti comme les autres. ■

CHAPITRE V

LA DOUCE VIE DANOISE

UN BONHEUR AMÉNAGÉ

Les ouvrages sur le Danemark sont rares en France mais une exception a hissé le nom du pays sur les rayons des plus grands magasins : *Heureux comme un Danois* de Malene Rydahl publié en 2014, un véritable best-seller désormais traduit dans de nombreux pays étrangers (Corée du Sud, Japon, États-Unis). L'ancienne dirigeante en communication d'entreprise, d'origine danoise, y égrène pour 16 euros « les dix clés du bonheur » : la confiance, l'éducation, l'autonomie individuelle, l'égalité des chances, le réalisme des désirs et des attentes, le respect de l'autre et la solidarité, l'équilibre famille/travail, une relation saine avec l'argent, la modestie, l'égalité hommes/femmes. Cette injonction à nier toute autre expression qu'un rire ébahi ne semble pas amuser beaucoup les Danois eux-mêmes, en témoignent les propos d'une vieille dame m'interpellant lors d'une rencontre à l'Institut français : « Je vous remercie de ne pas avoir dit pour la millième fois que nous étions heureux. » Le journaliste **Morten Beiter** aurait sans doute apprécié, puisqu'il réside dans la ville la plus heureuse d'Europe, Ringkøbing, et ne semble pas pour autant en revendiquer le titre.

Rejoindre Morten Beiter n'est pas facile. Ringkøbing est une petite ville touristique au bord d'un fjord éponyme de l'ouest du pays. Un train régional traverse la « banane pourrie » depuis Esbjerg. Au milieu des rues pavées du centre, une citation de Kaj Munk révèle la fierté des habitants et leur adhésion à la loi de Jante. Selon Morten, « il est rare que les gens d'ici disent "c'est fantastique", ils préféreront dire "ça pourrait être pire" ». Je descends les venelles colorées et rejoins les bords tranquilles du fjord. Morten a 51 ans et a été de nombreuses années correspondant pour le *Berlingske Tidende* dans les Balkans, en Italie, en Grèce et en Libye. Il a également vécu en Italie pendant dix-sept ans, de 1983 à 1990 et de 1993 à 2005 avant de rentrer au Danemark, où il écrit ses articles depuis Ringkøbing tout en participant à quelques réunions au siège de la rédaction à Copenhague. « Nous sommes un petit pays, me confie-t-il, je pensais pouvoir rester ici tout en gardant mon poste. Les retours de longs séjours à l'étranger sont difficiles. Ces voyages font de vous quelqu'un qui réfléchit trop. » La crise éditoriale de la presse papier a pourtant conduit son patron du *Berlingske* qui rapatriait l'ensemble de ses journalistes à le soumettre à un dilemme cornélien : « Vous déménagez à Copenhague ou vous perdez votre travail. » Morten décide de rester dans sa ville natale et de travailler en indépendant en collaborant régulièrement avec le *Weekendavisen*. Il écrit la plupart du temps chez lui à quelques mètres de sa femme, céramiste, dont l'atelier-exposition est localisé dans leur jardin.

Ringkøbing a été élu en 2007 « la ville la plus heureuse d'Europe ». Vous avez écrit un article à ce sujet, « La félicité au bord du fjord », traduit en français pour *Courrier international*, quel regard portez-vous sur cette propension supposée des Danois au bonheur ?

Ce titre est une énorme blague. Un scientifique certes sérieux de l'université de Cambridge l'a décerné en 2007 dans une étude sur le bonheur mais comment le prendre au sérieux ? Le bonheur n'est pas un état stable : nous sommes heureux et la seconde d'après malheureux. L'une des raisons pour laquelle Ringkøbing et le Danemark ont été distingués est que nous vivons ici comme des membres d'une même tribu. Tout ce qui sort de la tribu n'est pas forcément hostile mais dénote immédiatement. Dans une telle configuration, l'image que nous renvoyons au monde extérieur est une question fondamentale.

Nous avons envie de montrer le meilleur de nous-mêmes, quitte à nous inventer de belles histoires. Le Danemark reste une société fermée. Nous nous imaginons pourtant spéciaux, uniques, plus civilisés qu'ailleurs. Ces velléités constituent sans doute une forme de compensation par rapport à tout ce que nous avons perdu en territoires, notamment au XIXe siècle. Les Danois se sont en quelque sorte inventé collectivement une existence imaginaire qu'ils n'ont pas mais qu'ils prétendent avoir. Qui n'est pas danois ou a pris suffisamment de distance avec le pays constate bien que tout ceci est faux. Ceux qui déménagent à Copenhague veulent par exemple démontrer qu'ils vivent dans un grand pays et souhaitent donc contribuer à créer une grande capitale. Aveuglés par une illusion sans fondement, ils finissent en réalité par vider le reste du territoire. Il y a trente ans, si vous alliez à Copenhague en parlant avec l'accent du Jutland d'ici, les Copenhagois se seraient moqués de vous. Ils ne le font plus car l'exode vers la capitale a pris une telle ampleur que la tonalité si exotique jadis est devenue monnaie courante aujourd'hui.

Les Danois cherchent en tout à créer un empire, avec des terres, des industries, des réussites individuelles et un peuple heureux. Ils veulent sentir la grandeur. Je remarque par exemple l'utilisation courante, parmi d'autres, du mot *world-class*. Il semble être devenu à la mode pour évoquer un événement, une ville, une entreprise. Pourquoi donc devrions-nous toujours être « de classe mondiale » ? Nous ne pouvons pas avoir la meilleure équipe de football du monde, nous ne sommes que cinq millions d'habitants. Il est normal que l'équipe de France soit, en théorie, meilleure que la nôtre. Nous savons que nous sommes petits. Voilà pourquoi les Danois cherchent toujours à prouver qu'ils sont malgré tout capables d'être les meilleurs. Se rendre visible devient nécessaire pour ne pas disparaître de la face du monde.

Présenter à l'étranger le Danemark comme un pays heureux est-il si éloigné de la réalité ?

Au Danemark, nous parlons beaucoup des problèmes que rencontrent les autres pays ou de la place des migrants, mais nous pratiquons peu l'autocritique. L'alcoolisme y atteint pourtant un niveau préoccupant, bien que la question soit largement passée sous silence, y compris dans la presse écrite. La solitude est un autre sujet d'inquiétude. Elle est à mon sens à imputer au système de protection sociale. En interne, les Danois croient beaucoup aux règles et aux lois. Ils sont en perpétuelle recherche du système parfait. Atteindre un tel degré de perfection est pourtant impossible. L'État, en prenant le contrôle des relations et interdépendances humaines et en monopolisant la solidarité, peut générer une forme de déresponsabilisation. Comment une personne âgée peut-elle encore mourir seule dans son appartement sans que personne ne s'en aperçoive ? Les Danois ont pris l'habitude de penser que l'État devait régler les problèmes sociaux et que ce n'était plus aux individus de s'impliquer personnellement. Nous n'avons plus besoin de notre voisin puisque le *welfare state* assure la cohésion nationale, nous n'avons plus besoin d'être ami avec quiconque du moment que nous payons nos impôts. Ce raisonnement crée de la distance entre les citoyens. La solidarité est indirecte et lointaine. Je ne suis pas en train de critiquer totalement un système de protection sociale aux nombreuses qualités mais il y a un degré où il devient, me semble-t-il, plus dangereux. Il a fini par créer au Danemark des enfants gâtés.

Ce que vous dites va à l'encontre de l'image du Danemark véhiculée en France : un pays idyllique.

Le Danemark est un pays si lointain que chacun peut s'y référer comme il l'entend dans ses discours, même si la réalité est évidemment très différente. J'avais par exemple lu un reportage sur des jardins d'enfants censés être ouverts toute la nuit. Le texte laissait entendre que de telles institutions s'étaient répandues sur l'ensemble du territoire national, alors qu'une ou deux expérimentations seulement étaient conduites à Copenhague. À Ringkøbing, je peux vous dire que les jardins d'enfants ferment bien le soir comme ailleurs en Europe. Ces poncifs traduisent une vision romantique de la Scandinavie, l'image d'une vie forcément meilleure. Chacun trouve d'ailleurs l'herbe plus verte ailleurs. Les Danois sont ainsi très impressionnés par le niveau de Singapour dans les classements PISA (deuxième place en 2012).

Le Danemark compte tout au long de l'année de nombreuses fêtes religieuses et païennes. Il est également connu pour ses festivals. Comment expliquer ce besoin de rythmer le temps ?

Nous sommes très attachés aux traditions, les festivals en font partie, à l'image du festival des cultures à Nykøbing Mors. Les rituels permettent à l'année de s'écouler et nous donnent une mesure. Je ne me suis jamais rendu à Roskilde, au grand festival de musique, mais je connais beaucoup d'amis qui y sont allés, y compris en famille avec leurs enfants. En revanche, les fêtes du calendrier comme Noël et Pâques ne sont pas plus importantes ici qu'ailleurs. Vus de l'extérieur, les Danois peuvent paraître très religieux, ce qui n'est que partiellement vrai. Beaucoup d'entre eux (je n'en fais pas partie) sont membres de l'Église luthérienne danoise (*Folkekirken*) et, comme en Allemagne ou dans d'autres pays scandinaves (Norvège et Suède), payent un impôt d'Église. Ils sont théoriquement membres de la communauté mais ne se rendent aux offices que pour Noël, le baptême d'un enfant, un mariage ou un enterrement. L'Église donne de la solennité à leur vie personnelle lors de moments importants mais leur foi réelle reste très limitée.

Le mot danois *tryghed* exprime le fait de se sentir en sécurité, d'avoir confiance dans les autres, est-ce cela que recherchent en priorité les Danois ?
Une grande confiance règne effectivement ici. Nous ne pensons pas d'abord que notre voisin va nous voler quelque chose. Ce sentiment est sans doute lié à notre système de protection sociale : nous ne sommes pas immergés dans une situation où nous aurions besoin d'avoir peur des autres. Une telle relation à autrui est cependant à double tranchant. La configuration de notre société peut être aussi la raison pour laquelle nous ne considérons pas les autres du tout. J'ai des bonnes relations avec mes voisins que je connais depuis maintenant dix ans. Quand nous sommes rentrés d'Italie avec ma femme, nous étions particulièrement ouverts d'esprit et nous avons tenté de les inviter chez nous à manger. Nous avons convié avec eux différentes personnes qui ne se connaissaient pas encore, ce qui serait parfaitement normal voire sympathique en Italie ou en France. Nous pensions même à tort détenir une bonne idée. Tous nos hôtes sont venus mais ils semblaient ne pas savoir quoi se dire dans une ambiance d'une froideur extrême. Le malaise était palpable. Nous avons donc définitivement tiré un trait sur les repas chez nous.

Ici, à Ringkøbing, on ne fait vraiment confiance qu'aux personnes que l'on connaît très bien, c'est-à-dire au moins depuis le jardin d'enfants. Construire une amitié prend énormément de temps. Je suis bien placé pour le savoir vu le nombre de déménagements que j'ai dû faire. Lorsque je suis revenu d'Italie, mes amis d'enfance me voyaient comme un nouvel arrivant. Je n'étais plus l'un des leurs mais celui qui avait un jour déménagé à Copenhague. J'ai aussi ce sentiment lorsque j'écris un article un tant soit peu critique sur une initiative conduite dans le Jutland. Je reçois une lettre ou un e-mail d'insultes qui me traite de con, voire de Copenhagois arrogant. Je me suis par exemple rendu une fois en reportage à Skive

(Jutland-Central). La municipalité a fait appel à un designer très connu au Danemark, Jacob Jensen, mort en mai 2015, pour aménager des œuvres d'art sur les différents ronds-points de la ville où il avait d'ailleurs l'habitude de dessiner dans les années 1960. L'artiste est célèbre pour avoir designé les stéréos Bang & Olufsen dans les années 1980 et participé au mouvement du *sound design*. Le résultat est un ensemble massif en granit qu'ils ont pompeusement appelé *Les Onze Étoiles de Skive*. Quelle blague ! Ils ont affublé le moindre rond-point merdique d'une horreur grise. Après la publication de mon papier, j'ai reçu une lettre du fils du designer : « Vous n'êtes qu'un journaliste arrogant de Copenhague, comment pouvez-vous parler d'art ? Revenez à Skive et je vous expliquerai comment vous devriez regarder ces œuvres. » Il était persuadé que je vivais à Copenhague. Si vous êtes critique envers votre région d'origine, vous ne pouvez être qu'un étranger. Si vous étiez né ici, vous seriez plus loyal envers votre pays.

Le sentiment de sécurité vient aussi d'un soin particulier apporté à la maison, comment pouvez-vous décrire ce rapport des Danois à leur intérieur ?

Il y a d'abord des objets mis en évidence derrière la fenêtre à la vue des passants. Une recherche d'esthétisme mais aussi une manière de montrer une part de soi-même et de son intimité. Dans le jardin, flotte généralement un drapeau danois. Si des touristes allemands louent une maison et s'amusent à hisser un drapeau de leur pays, les voisins ne manqueront pas d'appeler la police pour leur rappeler qu'ils sont hors la loi ! La décoration intérieure est également très travaillée. Au Danemark, nous passons beaucoup de temps chez nous, surtout en hiver. Nous ne disposons pas de beaucoup d'espaces publics où nous pourrions nous rencontrer lorsque le climat devient plus clément. La maison, non la rue ou le centre-ville, est l'endroit où un Danois passe sa vie. Les habitants interagissent peu entre eux et peuvent agir comme s'ils n'avaient plus de voisins du tout. Chaque région a ses règles de décoration. Ici, à Ringkøbing, chacun doit posséder un tableau du peintre local dont l'atelier est situé sur le port. Rien à voir avec Naples où je connaissais un peintre très connu qui faisait des bides dès qu'il exposait à Rome. Dans tout le pays, tout le monde s'arrache les lampes PH dessinées dans les années 1930. Poul Henningsen a en effet inventé un système de lampes à trois abat-jour (aujourd'hui vendues par l'entreprise Louis Poulsen). Les acheter rend fier leur propriétaire car elles sont danoises.

Pour désigner une atmosphère intime de bien-être, les Danois ont forgé le mot *hygge*.

Le terme *hygge* signifie intime, confortable, offrant de se sentir bien avec les autres ou avec soi-même. Il a donné lieu à de nombreux dérivés comme *hyggelig* (l'adjectif), *hyggekrog* (l'endroit où passer un moment agréable) ou *hyggebukser* (le pantalon confortable à porter chez soi). Je ne suis pas très à l'aise avec l'utilisation généralisée du mot. Les Danois ont parfois tendance à inventer des concepts et à en conclure que ce qu'ils vivent est très spécial. En réalité, rien de singulièrement danois là-dedans, juste une composante des humains en général. Je suis sûr qu'en Italie ou en France, vous pouvez aussi ressentir cette ambiance *hyggelig* avec vos amis. Vous n'allez simplement pas l'appeler *hyggelig*, vous trouverez un autre nom. Les Allemands ont la réputation de ne pas avoir d'humour. Pourtant j'ai un ami de Rostock avec qui je prends plaisir à échanger des blagues. Il m'a confié que les habitants d'Hanovre n'avaient vraiment pas d'humour. J'ai compris que les Danois n'étaient donc pas les seuls à se sentir uniques. Ce que nous aimons particulièrement faire est de regarder la flamme d'une bougie quand la pièce est encore sombre. Du moment qu'il y a du feu, nous savons que l'ambiance sera bonne.

Les Danois ont-ils le sens de la famille ?

Il y a cinquante ans, chaque famille avait dix enfants pour qu'ils puissent ensuite aider à la ferme. Ma mère avait par exemple dix frères et sœurs. Les enfants sont aujourd'hui devenus un projet des parents, un prolongement de leur vanité. Ces derniers veulent que leur descendance fasse mieux que ce qu'ils ont fait, ce qui contribue à leur mettre la pression. Ils n'écoutent plus les enseignants accusés d'abuser de leur pouvoir. Si l'enfant pose des problèmes de discipline ou n'a pas de bons résultats à l'école ou au collège, ils ne se remettent nullement en question. Nous avons connu une réforme des rythmes scolaires l'an dernier. Les enfants restent désormais deux heures de plus à l'école et suivent des activités sportives ou artistiques. Ils rentrent chez eux à 15 heures 30, ce qui oblige les enseignants à s'occuper d'eux plus longtemps.

Pour les adolescents ou les jeunes adultes, il doit être difficile d'étudier ou de trouver du travail dans une région comme Ringkøbing...

Les jeunes de 18-20 ans déménagent généralement à Aarhus ou Copenhague pour s'inscrire à l'université ou partent un an à l'étranger. Une tradition jutlandaise encore en vigueur il y a cinquante ou soixante ans dictait d'envoyer les jeunes d'une famille dans une autre ferme pour qu'ils y travaillent quelque temps et se forment à de nouvelles pratiques. Un étudiant danois reçoit de l'argent de l'État pour étudier et a donc les moyens financiers de partir de chez lui. Les bourses d'étude (SU ou *Statens Uddannelsesstøtte*) comprennent, entre 18 et 20 ans, des parties fixes et des parties variables en fonction des revenus des parents. Les bénéficiaires qui vivent chez leurs parents (1 315 à 2 954 couronnes à 18/19 ans, soit 176 à 397 euros) ont également le droit à une allocation moindre que ceux qui occupent un logement indépendant (3 811 à 5 941 couronnes à 18/19 ans, soit 512 à 799 euros). *A contrario*, beaucoup de jeunes Italiens restent à la maison, non parce que leur mère cuisine bien, mais en raison d'un manque de ressources. Pour un habitant d'Ombrie, aller à la Sapienza de Rome coûte très cher. Au Danemark, avec une bourse et un travail complémentaire, partir devient presque une évidence.

Vous ne vous sentez pas si danois finalement ?
Je pense que les Danois ont la manie de couper les cheveux en quatre. Les grands pays sont censés avoir de grands problèmes, donc avoir de grands problèmes signifie être un grand pays. Les Danois ont besoin de se raconter des histoires pour se sentir vivants. Une grande partie de la population regarde régulièrement des séries policières (*krimiserier*) pour jouer à se faire peur. L'ennui et la banalité créent un besoin d'émotions fortes. Personnellement, je pense que le monde est assez terrifiant sans qu'il soit nécessaire d'en voir plus. ■

UNE CULTURE SANS BARRIÈRES

« Vous devez absolument aller à Godsbanen et à l'Institut for (X) », me répètent en boucle mes premiers interlocuteurs à Aarhus. Dans la ville étudiante par excellence (38 000 étudiants pour 265 000 habitants), je me livre au premier jeu de piste de mon séjour. J'écris au responsable de la communication d'Aarhus 2017, capitale européenne de la culture, à la recherche de contacts d'artistes. Sa réponse, un tableau Excel, égrène des adresses et un lieu de rendez-vous toutes les deux heures. « Peder Udengaard, chef d'orchestre, bar Baresso, 9 heures », « Rikke Nuja Pedersen, directrice du théâtre Ambassaden, 11 heures », « Charlotte Fogh, galeriste d'art, Mejlgade, 13 heures ». Demain sera chargé. Pour le moment, je marche vers Godsbanen à l'ouest du centre-ville et du musée d'art ARoS. Le chemin, marqué par une succession de vitrines métropolitaines standardisées, ne débouche que tardivement sur un îlot alternatif en brique. Le bâtiment est une ancienne gare de marchandises transformée en centre culturel en 2012. Le long du mur, un escalier suspendu mène à des bureaux de start-up et d'associations. Je rentre dans le foyer, un large espace ponctué d'un bar-restaurant, de panneaux d'affichage et de canapés, le tout dans une ambiance teintée de lumières feutrées bleu-violet. Un grand écran annonce, à la manière d'un hall de gare, les workshops du soir indiqués sur des « voies » en face des heures de départ. Au programme à 22 heures : cercle littéraire voie 1, cours de cuisine voies 5 et 6, concerts sur la scène, formations dans les *fablabs*. Des danseuses africaines sortent régulièrement de l'arrière-scène par une porte ouvrant par intermittence sur une soirée déjà bien entamée. Tous ceux qui se sont retrouvés ici se perdront gratuitement le temps d'une soirée à apprendre, explorer, confronter, après avoir choisi leur destination. D'autres resteront et afficheront le nom de leur projet sur un losange en bois façon puzzle. Le lendemain, je retrouve Peder, Rikke, Charlotte. Tous ont choisi de changer la ville d'Aarhus par la culture en l'érigeant en fer de lance du vivre ensemble. Je trouve dans leur réponse la même volonté d'une appropriation collective de la culture, d'une participation à large échelle, qu'à Godsbanen.

Peder Udengaard est le chef d'orchestre du Aarhus Jazz Orchestra et conseiller municipal social-démocrate d'Aarhus depuis 2010. Pour lui, la culture n'est pas tant une finalité qu'un outil de développement et d'habitabilité. Par l'intermédiaire de son orchestre, il a déjà établi grâce au programme European Youth Consensus plusieurs échanges entre des enfants danois et des apprentis musiciens en Russie et en Inde. Investir dans la culture apparaît alors d'autant plus indispensable. Pour autant, Peder rappelle la tradition d'indépendance des artistes au Danemark. Julius Bomholt, ministre de la

Culture de 1961 à 1964, fut d'ailleurs à l'origine du *Armslængdeprincippet*, un principe de soutien sans contrôle des artistes. Le ministre conservateur Brian Arthur Mikkelsen semble avoir écorné ce principe quarante ans plus tard en introduisant un « Canon de la culture danoise » (*Kulturkanonen*), une liste de 108 œuvres censées refléter le socle artistique du pays.

Le chef d'orchestre, malgré son engagement politique, revendique son indépendance. À Aarhus, il expérimente avec ses musiciens le croisement entre des genres musicaux habituellement éloignés, par exemple en introduisant la musique traditionnelle védique indienne dans le contexte d'un big band classique. Il aime également, pendant son temps libre, écouter du jazz interprété par des artistes danois : « Un son nordique est aisément identifiable dans le jazz. Les Danois jouent par exemple de la contrebasse différemment des Américains ou des Français. Le jeu est plus lisse, plus doux, plus coulant, ce qui a un impact sur le travail de tout le groupe. Niels-Henning Ørsted Pedersen, surnommé NHØP, a développé une technique propre pour jouer. Les syncopes, la rondeur et les percussions feutrées des cordes délivrent un son inimitable. » Peder sort son téléphone portable et me fait voir, au milieu des conversations ascendantes du petit déjeuner, une vidéo YouTube d'un concert de l'artiste. « Dans le domaine de la musique classique, vous devez aussi connaître Carl Nielsen. Il a utilisé la musique et la culture pour abattre les frontières entre classes sociales et a traduit dans un esprit de réalisme social la pauvreté des *working classes* du siècle dernier. »

Je quitte Peder Udengaard, fasciné par les notes qu'il a partagées avec moi, et poursuit la conduite d'un planning métronomique. Le théâtre Ambassaden est situé dans le vieux Aarhus où se succèdent des rues pavées ponctuées de galeries et bars branchés. À l'angle d'un croisement, les couleurs d'une ville imaginaire de Daniel van der Noon reflètent des tons bigarrés sur fond noir et façade blanche. Au milieu de la Rosensgade, une longue bannière suspendue au-dessus de la ruelle piétonne arbore le slogan « Ambassaden, immunité contre le risque artistique » (*kunstnerisk immunitet*) rejoignant une œuvre de *street art* en blanc et gris. Le théâtre est situé dans une vieille bâtisse jaune à colombages de 1680, un ancien hôpital jadis en dehors des contours de la ville, racheté il y a une cinquantaine d'années par une passionnée de théâtre aujourd'hui âgée de 92 ans. Cette dernière continue à louer à prix modique les locaux, d'abord pour la compagnie professionnelle Katapult, ensuite pour l'association Ambassaden. Le reste des financements provient de la ville d'Aarhus (13 000 euros sur deux ans), de campagnes de *crowdfunding* ou de soirées de levées de fonds. Dans l'avenir, dix entreprises choisies comme ambassadeurs pourraient aider à financer le projet en échange d'un prêt des espaces de la maison un week-end par an et de la possibilité de rencontrer les artistes.

Rikke Nuja Pedersen, directrice du théâtre, voit dans cette collaboration la possibilité d'une fertilisation croisée : « Je ne suis pas une *businesswoman* mais je peux apprendre du monde des affaires. J'utilise ma créativité pour développer des solutions autrement, avec leurs contraintes. »

Ambassaden est un lieu hybride : un café/lieu d'expositions et de concerts au rez-de-chaussée, la salle principale de théâtre adaptable de quarante-cinq places, une chambre sous les combles avec deux lits permettant de loger les artistes programmés sans engager de frais d'hôtel. Pour Rikke, ces différents espaces doivent rester ouverts à toutes les propositions : « Tous les lundis de 16 heures à 17 heures 30 sont consacrés à un *walk in* notamment à destination des jeunes talents. Chacun peut pousser notre porte pour proposer un projet. Nous en parlons, vérifions notre calendrier et programmons l'événement sur la page Facebook et sur notre page Internet officielle. Nous prodiguons des conseils sur la dramaturgie, l'écriture des manuscrits, l'attraction des fonds, la communication, mais la concrétisation des différentes étapes est pleinement assurée par le groupe. » L'ensemble des jours de la semaine permettent un soutien aux jeunes artistes : ateliers d'écriture le mardi, groupe de *black box theater* le mercredi sous la dénomination « Theater Theater », chacun pouvant rejoindre le workshop et lancer ensuite des projets avec d'autres participants, un concert de musique folk le dernier jeudi du mois et un live jazz le dernier vendredi. Rikke souhaite, par une intégration progressive des nouveaux talents, offrir un espace d'expression reflétant le potentiel créatif d'Aarhus : « Ici nous ne faisons pas seulement du théâtre ou de la musique. Nous brassons toutes les disciplines. Nous pensons que la ville avait besoin d'un lieu où des artistes non professionnels pourraient être accueillis et accompagnés sans conditions. Je cherche au maximum à privilégier les synergies locales dans nos actions pour encourager notre scène artistique et éviter les fuites vers Copenhague ou Londres. Lors du festival municipal de jazz, j'ai proposé à deux garçons d'organiser eux-mêmes leur propre événement. Je ne leur ai posé que deux conditions : les invités doivent être jeunes et venir d'Aarhus. » La démarche d'ancrage territorial est pensée globalement : le thé, le vin, les sodas (Naturfrisk Cola Cool) servis sont fabriqués par des firmes locales tout comme les produits frais vendus au snack bar provenant d'un artisan tenant une boutique voisine. Un collectif de la région, Perlepladesyndikatet, a animé un atelier autour d'objets à base de petites perles colorées livrant une œuvre permanente exposée au dernier étage. Chaque mois, un artiste émergent peut également exposer dans le café et aménager l'espace pendant un mois. Le programme d'Ambassaden est flexible et évolutif. Un livret imprimé paraît par semestre mais les spectacles sont plutôt relayés sur les réseaux sociaux, comme l'explique Rikke : « Notre dépliant indique douze événements avec des compagnies professionnelles, mais nous proposons en réalité cent neuf rendez-vous entre janvier et juin. Le *walk in* entraîne une grande partie d'inattendu. Si un groupe apporte une proposition aboutie, je peux être amenée à ajouter un concert, un stand up ou une pièce de théâtre. »

Rikke ne s'est pas installée à Aarhus par hasard. Elle est née dans le nez du Jutland (*Jyllands næse*) sur la péninsule du Djursland. Après ses études d'art dramatique à l'université, elle a voyagé à travers toute l'Europe avec différents groupes de théâtre, a collaboré avec un festival du film avant de rejoindre Ambassaden. La ville, avec près de 40 000 étudiants, offre un vivier de jeunes talents sans doute inégalé hors de Copenhague. La directrice les aide souvent à trouver leur voie : « Un étudiant en philosophie est venu me voir. Il m'a confié ne rien faire d'autre que suivre les cours proposés à l'université. Je lui ai dit qu'il était naïf de croire que le monde l'attendrait après l'obtention de son diplôme. Il a dix heures de cours par semaine, moi je travaille soixante heures, je sais que la vraie vie ressemble plutôt à la mienne. » Les projets des jeunes artistes qui investissent le lieu croisent de fait approches académiques et explorations artistiques, à l'image d'une installation vidéo réalisée par un apprenti informaticien. Parfois, les soutiens manquent pour assurer un développement de la structure. Ambassaden compte rejoindre prochainement un réseau de vingt-deux théâtres amateurs afin de peser plus largement sur le gouvernement. « J'ai appelé le ministère de la Culture afin qu'il contribue au financement d'une tournée pour nos jeunes talents. Mon interlocutrice m'a répondu qu'ils n'avaient pas de subventions pour les groupes non professionnels et qu'il appartenait au gouvernement de changer la règle. J'ai donc demandé à parler au gouvernement directement » s'énerve Rikke.

La dernière étape de mon parcours culturel dans Aarhus est fixée dans un local d'une arrière-cour tapissée d'œuvres de *street art*. L'exposition commence déjà à l'extérieur par un curieux personnage de *comics* bleu. Dans les salles blanches de la galerie, des œuvres bleutées de Benny Dröscher, un peintre de l'île de Samsø. Je retrouve la propriétaire, **Charlotte Fogh**, timide, sensible. D'emblée, ma visite la surprend : « Nous ne sommes pas très nombreux au Danemark. Je trouve un peu curieux que vous vous intéressiez à la culture d'un si petit pays. » Charlotte travaille depuis dix ans dans des galeries commerciales privées et a ouvert depuis quatre ans à Mejlgade pour exposer de jeunes artistes émergents. Elle aurait pu s'implanter à Copenhague mais la concurrence y est très intense. Aarhus s'est imposé depuis une ou deux décennies comme une étape incontournable sur le plan artistique avec la présence d'une Académie des arts (Det Jyske Kunstakademi, DJK), d'un département d'histoire de l'art à l'université et de musées internationaux à l'image de l'ARoS inauguré en 2004 surmonté du fameux panorama en arc-en-ciel d'Olafur Eliasson. Les différentes galeries sont également rassemblées sur un document disponible sur chaque ville ou région en version papier ou en ligne (Kunsten.nu), ce qui facilite la communication. Presque toutes, à l'exception de quatre galeries dont celle de Charlotte, sont aidées financièrement par la municipalité ou l'État par l'intermédiaire de l'agence danoise de promotion de la culture (Statens Kunstråd).

Charlotte aime promouvoir les artistes locaux comme Katja Bjørn, à l'initiative d'une curieuse installation vidéo devant la sortie arrière de la galerie. L'écran est situé au fond d'un trou recouvert d'une plaque en verre sur lequel le visiteur peut marcher. La vidéo montre l'artiste nue arpentant le cube paranoïaque dans lequel elle est enfermée tel un animal en cage. L'impression de piétiner en dominant la scène rend mal à l'aise comme le confirme Charlotte : « "Vous regardez les

Chinois" comme on dit au Danemark lorsque les enfants creusent un trou très profond. » Katja expose aussi ses œuvres au musée des femmes (Kvindemuseet), une spécificité danoise, notamment des sculptures-vidéos intégrant des images au sein de pièces de mobilier (comme des secrétaires). Sa collection est rassemblée dans un catalogue intitulé *Unspoken Stories*. Katja Bjørn est l'exemple d'une artiste engagée se saisissant de thèmes façonnant l'imaginaire collectif danois, comme l'arrivée des migrants. L'une de ses dernières séries photographiques, *By the Source* (À la source), interroge la notion d'intégrité de la culture. « Beaucoup pensent, dans notre petit pays, que l'obtenir suppose de défendre une conception hermétique de la Nation, s'interroge Charlotte. Katja entraîne le spectateur sur une autre voie en révélant le peu de différence entre deux femmes, quelle que soit leur origine. » *By the Source #4* montre l'artiste recroquevillée et endormie en position fœtale dans une source d'eau au centre d'un paysage islandais. Autour d'elle, sept femmes musulmanes en noir dont trois sont voilées la regardent.

Les motifs picturaux de Benny Dröscher, également exposé dans la galerie, traduisent des poncifs danois plus classiques comme la représentation de la nature, un paradoxe dans un pays plat où l'environnement prend une allure peu dramatique. Selon Charlotte Fogh, Benny s'inspire de deux traditions danoises : « Au cours de l'Âge d'or danois que nous appelons *Guldalder*, à la fin du XVIIIe et au début du XIXe siècle, des artistes du paysage comme Johan Thomas Lundbye, Christian Købke, Peter Christian Thamsen Skovgaard, Dankvart Dreyer, Louis Gurlitt ou Martinus Rørbye ont cherché à rendre compte de la nature telle que nous pouvons la voir avec une fidélité encore stricte. À l'inverse, des artistes plus contemporains comme Asger Jorn (1914-1973) du mouvement CoBrA ou Per Kirkeby (né en 1938) ont adopté une traduction plus abstraite du paysage.

Il ne s'agissait plus de décrire la nature mais l'effet qu'elle produisait sur l'artiste. » L'héritage qu'incorpore Benny Dröscher intègre donc pleinement l'interprétation des éléments naturels et dresse ainsi un pont entre le paysage extérieur et le paysage plus symbolique des sentiments intérieurs, entre ce qui est vu et l'interprétation intime. Le peintre de Samsø compose des tableaux comme s'il exprimait son propre paysage. À une ambiance atmosphérique, à des lieux, répondent des émotions et un niveau de maturité. « Benny assemble de petits détails qui sont esthétiquement quasiment parfaits : des feuilles, des arbres, des racines, des papillons. Il éclabousse ensuite son œuvre de touches de peinture éparses en afterwork. Le résultat révèle les forces contradictoires d'une nature à la fois douce et violente. » Les couleurs des tableaux de Benny Dröscher, froides, rarement vives, sans recours aux contrastes, s'inscrivent parfaitement dans une certaine mélancolie nordique. « L'important au Danemark n'est pas que l'art soit beau, intellectuel, mais qu'il parle des choses de la vie comme de la mort ou des parts d'ombre de l'être humain. Comment y parvenir ? Décrire la nature est une manière d'aborder ces sujets, avec des couleurs sombres ou pâles, mais jamais très marquées. »

À côté d'une pratique picturale plus traditionnelle, Charlotte Fogh a voulu associer dans sa galerie de nouvelles formes artistiques plus émergentes. Le *street art* ou la pratique du graffiti sont intégrés depuis longtemps à la culture danoise et se sont démocratisés tant à l'intérieur même de la ville que dans l'intimité des logements. À Aarhus, les étudiants de l'académie des arts ont figuré parmi les pionniers. Aujourd'hui, l'institutionnalisation de la discipline est largement consommée, comme en témoigne une grande opération organisée par la municipalité dans l'ensemble des quartiers en 2007-2008 avec des artistes du monde entier. HuskMitNavn exposé dans la cour (et son personnage débonnaire bleu) en faisait partie. Malgré des débuts *underground* comme artiste de rue, son travail est aujourd'hui présenté dans les galeries et les musées. D'autres tendances plus nouvelles sont cependant en train de se développer comme le *green art* ou l'*ecological art*. Charlotte suit de près ces nouvelles formes : « À la différence du *land art*, la nature s'immisce désormais dans la ville, dans la vie quotidienne, dans l'intimité des habitants. Vous pouvez vous réveiller un matin et découvrir que des artistes ont planté des buissons, des arbres, des légumes ou ont fabriqué un petit parc au milieu de la route. Les groupes de *guerilla-gardening* opèrent souvent de telles actions commando. Comme pour le *street art*, l'objectif est de s'adresser aux passants, de les réveiller et de les inciter à observer ce qu'ils croisent dans leur environnement immédiat et quotidien, à en prendre conscience. » Ces mouvements accompagnent bien sûr des projets plus traditionnels d'agriculture urbaine (Aarhus Ø, Mejlgade Lab, Godsbanen).

L'innovation artistique provient également souvent dans les pays nordiques d'une interdépendance fertile avec le monde économique. Ainsi procédait déjà le design tel que le définit le Français Aurélien Barbry : « Le design est un exercice où vous prenez les choses les plus simples de votre vie quotidienne et vous vous demandez comment elles pourraient être dessinées et fabriquées différemment. » Les théories de l'art, la manière dont l'art exprime des choses de la vie peuvent donc être mobilisées dans une visée pratique. Plusieurs artistes danois ont ainsi connu des réussites notables, comme le rappelle Charlotte, en coopérant avec de grandes entreprises en Europe et ailleurs, lançant ainsi un mouvement de *thinking art*, soit une manière artistique de développer de nouveaux objets. Un groupe fondé en 1993 nommé Superflex développe ainsi depuis Copenhague des produits industriels, notamment une nouvelle boisson en bouteille (Guaraná Power) avec des partenaires brésiliens. À Aarhus, Jette Gejl travaille elle aussi au sein du centre interdisciplinaire CAVI sur les croisements possibles entre art, industrie et nouvelles technologies.

Peder, Rikke, Charlotte traduisent dans leurs disciplines respectives la recherche très danoise d'une culture ouverte, appropriable, pratique et sans barrières. L'art est un outil parmi les autres au service de l'inventivité sociale. Alors que la vitrine aseptisée de la capitale européenne 2017 va débuter, le slogan de l'événement « Let's Rethink » s'éclaire progressivement. ■

UNE ÉDUCATION TOTALE

Pour approcher la différence entre les méthodes d'éducation danoises et françaises, une immersion pendant une journée dans un lycée me semblait indispensable. Allerød est une commune relativement bien dotée, le long de la ceinture du Whisky, à quelques stations de train de banlieue de Copenhague, associant de nombreux *clusters* technologiques. Le bâtiment du lycée d'Allerød, qui accueille 800 élèves et 80 enseignants, se situe au cœur de plusieurs gymnases et équipements sportifs, dans une zone peu dense de type périurbaine, pourtant à proximité du centre-ville. Je suis reçu par **Kirsten Schiellerup**, rectrice de l'établissement. La dimension modulable des salles me frappe lors de la première visite. Un vaste hall central où pendent d'immenses projecteurs sert à la fois de cantine pour les étudiants, de cour, de forum et de salle de spectacle. Les murs sont tapissés des photos des différentes promotions et des activités menées au cours de l'année, d'annonces diverses, de prix d'excellence. Dans les couloirs, plusieurs groupes d'élèves se sont rassemblés, affairés autour d'outils de bricolage, pour concevoir un balancier. Les enseignants se réunissent dans un espace des plus contemporains (canapés en cuir, tables ovales, chaises design, sièges boules et ordinateurs Mac), appelé *teachers' lounge*, où des élèves entrent régulièrement poser leurs questions. Les salles de classe sont elles aussi totalement étonnantes de flexibilité : des écrans et tableaux Velleda sur plusieurs murs, des tables combinées pour les travaux pratiques en groupes, des gradins en bois sur le côté permettant de varier les postures corporelles. Comme me l'explique Kirsten, le lycée a d'ailleurs prévu de s'agrandir en développant ces nouvelles configurations pédagogiques et en ouvrant des salles de musique et de théâtre.

Dans l'une des salles, je rejoins **Line Bach** pour un cours d'anglais. Les cours finissent en général vers 15 heures avec une pause déjeuner le midi. Le cours que je m'apprête à suivre va durer une heure et demie avec une pause au bout de quarante-cinq minutes. Il s'agit d'une étude de la scène 7 de l'acte I de *Macbeth* de Shakespeare. Un support pédagogique traduit en danois les mots les plus compliqués du texte. Line commence par faire l'appel sur l'ENT pédagogique et génère, en choisissant pour chaque élève le *v* vert ou la croix rouge, les statistiques de son taux d'assiduité. La mémoire des séances est totalement enregistrée numériquement. Les élèves se connectent à un serveur où ils peuvent vérifier les horaires et salles, prendre connaissance de leur pourcentage de réussite et des compétences déjà acquises, télécharger les exercices et documents utilisés en cours, retrouver les consignes de l'enseignant et le travail à faire avant ou après la séance, accéder à leurs e-mails et à des outils personnalisés. Le principe de la classe inversée est donc totalement intégré au système danois. Les ponts interdisciplinaires sont évidents : « Plusieurs élèves mènent des projets en théâtre, donc nous faisons des liens avec le cours d'anglais » confirme Line. Les élèves sont d'abord invités à ouvrir une page de prise de notes sur laquelle sont inscrites les consignes dans l'ENT. Ils pourront ainsi classer directement les traces du cours. La suite s'organise en de très courtes séquences de dix minutes se succédant à un rythme particulièrement soutenu : explicitation du contexte de la scène, caractérisation des personnages parmi des adjectifs proposés, préparation au jeu. Sur les tables, les livres ouverts côtoient bouteilles d'eau, grappes de raisin, biscuits, papier aluminium. Line n'intervient jamais pour corriger les fautes de langue et synthétise la plupart du temps les propositions venues de la salle. À mi-parcours, elle propose aux étudiants de jouer chacun leur tour leur personnage en se mettant dos à dos. La salle se recompose alors à nouveau, certains élèves quittent la pièce à l'appel de Line : « Je vous offre la possibilité de sortir de la salle. » La pratique semble relativement courante : « Réfléchir exige du calme et de la place. Il n'est pas rare que nous proposions à nos élèves d'aller marcher dans les couloirs pour mûrir les exercices qu'ils ont à faire. » La séance se termine par de courts exercices de grammaire et de prononciation liés à la thématique du jour, ici des phrases tirées de Shakespeare à formuler correctement. Une sonnerie électronique retentit, je rejoins un cours de géographie dans une autre aile du bâtiment.

Dans toutes les matières, les élèves sont invités à expérimenter, mener des projets dont certains pourront se concrétiser. Je retrouve dans le hall **Louise Lund Bækgaard**, enseignante en biologie, technologie et chimie. Chaque année, ses élèves participent à un concours national, l'IDA Science Cup. Ils doivent inventer des prototypes innovants répondant à des problèmes concrets du quotidien dont les meilleurs seront repris par une entreprise. « Lors du séminaire de préparation, nous leur apprenons à résoudre des problèmes, à ne pas trouver d'excuses pour contourner les difficultés, à s'organiser en groupe. Ce qu'ils apprennent est transversal et leur servira toute leur vie. » L'année passée, les propositions ont été variées : une couche pour bébés intelligente connectée à une application iPhone, un câble de téléphone qui ne s'emmêle pas, une brosse à dents munie d'une pipette déversant toute seule le dentifrice, un verre à bière qui ne se réchauffe jamais, un programme détectant ceux qui regardent leur portable trop longtemps. Des centres de recherche de Copenhague et l'université IT assistent la démarche en ce qui concerne les opérations techniques comme la programmation. « Nous privilégions la dimension appliquée et ludique, rappelle Louise, je propose ainsi à mes étudiants en début d'année de me tuer. Ils doivent choisir comment, avec quel poison, pour quel dosage, dans quelle situation. À la fin du semestre, ils me remettent une vidéo expliquant le protocole du crime. Cette année, ils ont constaté que je laissais souvent mon café traîner à la récréation. » Sur l'écran de son ordinateur, Louise lance une vidéo YouTube. Les étudiants apparaissent, manipulant des produits dangereux, avant que la dernière image ne détourne le visage de l'enseignante à terre affublée de deux croix sur les yeux. « Ils apprennent beaucoup lors de ce jeu : manipuler des formules, créer un scénario, réaliser un film » conclut Louise.

14 heures. Je sens que la journée va bientôt toucher à sa fin. Les premiers élèves quittent l'établissement et le *lounge* se vide progressivement. Kirsten, la rectrice, me retrouve dans son bureau pour évoquer le système de parcours individualisés : « Les élèves ont des cours obligatoires et un large panel d'options. 70 % du programme est commun, 30 % individualisé. » Ils commencent par se rattacher à une combinaison de trois matières dominantes qu'ils devront suivre une (C), deux (B) ou trois années (A). Ce faisant, ils constituent ainsi parmi treize propositions leur spécialisation. Les choix proposés tiennent compte des disciplines concernées et du niveau d'approfondissement de chacune, à l'image du profil Mathématique A, Physique B, Chimie B. S'ajoutent ensuite dans chaque voie des cours obligatoires (histoire, religion, langues) et des cours facultatifs (astronomie, philosophie, psychologie), le tout

générant un plan de cursus correspondant. Un simulateur permet de mettre en relation le choix de l'élève avec les exigences de l'université. Une partie de l'examen du baccalauréat se fait en contrôle continu et une partie en contrôle final, le ministère décidant des matières qui seront proposées pendant l'écrit et l'oral. « Le 13 mai constitue la fin des cours pour nos troisièmes années. Ils sauront sur quelles matières ils doivent plancher le 20 mai. Le planning d'examen s'étale ensuite selon les différentes options. »

Le baccalauréat passé, les élèves d'Allerød vont donc *a priori* rejoindre l'université. Certains d'entre eux choisiront peut-être de se diriger vers l'une des soixante-dix écoles populaires (*højskoler*) encore en activité sous l'égide du ministère de la Culture. La plupart se concentrent dans l'est du Jutland et, dans une moindre mesure, dans le nord de l'île de Seeland. Dans les années 1980, le pays en comptait cent six mais la baisse des dotations de l'État a engendré plusieurs fermetures. Elles se divisent en plusieurs catégories : écoles générales et grundtvigiennes, spécialisées, sportives, spirituelles, d'éducation à la vie, pour la jeunesse (16-19 ans) ou pour les personnes âgées. Elles sont largement subventionnées par l'État, bien que les étudiants doivent débourser la moitié des frais de scolarité. Je décide donc de dérouler le fil de l'éducation danoise en me rendant, le lendemain de ma journée passée au lycée, dans une *højskole* du nord de Copenhague.

Krogerup, situé au milieu des champs sur la commune de Humlebæk près de la mer Baltique, assume pleinement l'héritage du pasteur luthérien. Rien ne présagerait la présence d'une école dans un cadre aussi bucolique et calme, où s'égrènent quelques maisons secondaires et un petit port de plaisance plutôt cossu. Le chemin au milieu des prés et des arbres débouche sur ce qui ressemble à première vue à un corps de ferme. Le bureau de la directrice se situe dans le bâtiment réservé aux cours, un ancien manoir du XVIIIe siècle, et possède une porte dérobée : « Je la prends régulièrement pour aller plus vite, s'amuse **Rikke Forchhammer**, la très médiatique directrice. Ici, vous devez retenir que nos élèves n'ont ni examens, ni notes. Les jeunes viennent habiter six mois chez nous. Ils choisissent des matières qu'ils n'ont jamais pu apprendre à l'école comme la photographie, le journalisme, le cinéma, l'architecture, la politique internationale, l'étude de la mondialisation. Chacun des cursus proposent des voyages à Hollywood, New York, Istanbul ou Berlin. Ils sont là avant tout pour mûrir leur projet professionnel. Nous sommes bien sûr une passerelle vers l'enseignement supérieur, mais nos internes peuvent aussi expérimenter ce qu'ils souhaitent être, quitte à se tromper. La plupart ont entre 18 et 22 ans » explique-t-elle. L'école est donc devenue un pont entre le lycée et l'université, mais cela n'a pas toujours été le cas. Il y a une vingtaine d'années, le gouvernement danois finançait des cycles dans une école populaire à des personnes sans emploi désireuses de se reconvertir, ce qui offrait une large palette d'âges et de situations. Aujourd'hui, seuls les plus jeunes peuvent recevoir de telles aides étatiques *via* leurs bourses d'étude. L'école propose donc une pédagogie totale alliant visites de terrain, voyages, cours, soirées de projection, workshops, conférences.

La plupart des salles du bâtiment sont conçues comme des ateliers et des lieux de vie : un studio de cinéma et de photographie cohabite avec une salle de céramique, un plateau de théâtre et des panneaux indiquant une *hug zone* ou invitant à dormir toute la journée du samedi en prévision de la fête du soir. Enseignants et élèves habitent sur le site et participent à la vie commune (plantations de légumes, cuisine, vaisselle, ménage) et au parcours intellectuel. Krogerup est imaginé comme une communauté où professeurs et élèves peuvent poursuivre les discussions en dehors des cours. L'enjeu n'est pas d'apprendre quelque chose mais avant tout de se connaître soi-même. « Nous souhaitons former des citoyens danois et même des citoyens du monde. Ceux qui décident de s'inscrire ici sont très motivés et veulent préparer leur avenir. Ils ont parfois travaillé six mois après leur bac pour payer les six suivants » rappelle Rikke. Hal Koch, professeur de théologie qui a fondé l'école en 1946, l'inscrivait déjà dans cet esprit. Auteur d'un livre sur la démocratie, il souhaitait créer une école populaire culturelle pour les citadins afin de compléter l'idéal de Grundtvig plutôt conçu pour les populations rurales. « Après la Seconde Guerre mondiale, le Danemark avait besoin de citoyens actifs, critiques et ouverts sur les changements du monde contemporain. Nous les formons ici en associant des étudiants étrangers qui viennent suivre nos cours. Les élèves d'aujourd'hui ont changé d'échelle par rapport à ceux des premières *højskoler*. Ils doivent être capables de parler parfaitement anglais et de résoudre des problèmes complexes à un niveau international. Nos élèves ont par exemple collecté des fonds pour aider les réfugiés syriens dans les écoles d'Istanbul. Certaines écoles du Jutland restent concentrées sur l'histoire danoise s'inscrivant plus directement dans l'héritage du fondateur. Nous sommes une école moderne ancrée dans son temps et attentive aux problèmes du monde » explique Rikke.

Dans l'équivalent du RER qui me ramène à Copenhague, je me décide à recontacter **Frederikke Hauberg**, 26 ans, étudiante en anthropologie à l'université afin d'identifier les spécificités du système d'enseignement supérieur plus traditionnel. Frederikke vient de soutenir un mémoire de licence sur l'influence de la culture hip-hop auprès des rappeurs sud-africains. Ses trois premières années d'étude ont été parsemées de semestres de césure et de projets de danse. À Copenhague, la plupart des licences permettent à leurs étudiants de suivre un semestre d'une autre discipline dans n'importe quel établissement de la ville, du pays ou à l'étranger. Frederikke a ainsi eu la chance d'étudier à New York au collège Barnard de Columbia (collège des arts libéraux réservé aux femmes). En parallèle de ses études, elle a également accumulé des expériences professionnelles dans des cafés ou comme assistante d'enseignants (*lærervikar*) en primaire et au collège.

L'entrée dans une université danoise est régie par un processus de sélection considérant la note sur 12 obtenue au baccalauréat. Une barre d'admission est fixée chaque année. Les études de médecine, d'anthropologie et de psychologie sont très difficiles à obtenir. Le droit se situe à un niveau intermédiaire. Le gouvernement a récemment engagé une réforme afin de pousser les étudiants à s'inscrire rapidement à l'université après le lycée. Si un élève choisit d'entamer un cursus universitaire dans les deux ans qui suivent son bac, son score final se voit rehaussé. Auparavant, les étudiants voyageaient, accumulaient les expériences, multipliaient les cours avant d'entrer en licence. « J'étais très étonnée quand je suis arrivée à l'université, s'amuse Frederikke, nous avions tous entre 18 et 20 ans ! Étudier l'anthropologie sans avoir quitté Copenhague est une folie. »

Les cours proposés à l'université sont très appliqués, y compris en anthropologie. Frederikke suit par exemple un cours d'innovation sociale centré sur la place des anthropologues dans le monde des affaires : participation au processus de design des produits, développement des projets, introduction de segments d'économie sociale. L'approche rompt avec l'image habituelle des anthropologues perçus exclusivement comme des producteurs de connaissances. L'ambition de l'enseignant, issu du monde professionnel, est de créer un vrai pont avec le monde académique sans voir ses élèves couper complètement avec les centres de recherche et les facultés. D'anciens élèves viennent partager leurs expériences. L'anthropologie se développe en effet au sein des entreprises comme l'explique Frederikke afin d'apporter des informations sur le profil des consommateurs (groupes cibles), de rendre visibles les activités menées (marketing), d'optimiser le fonctionnement et la gouvernance des systèmes productifs, d'étudier les rapports interpersonnels, d'intégrer des réfugiés dans les équipes. La plupart des textes proposés dans les départements de sciences sociales sont en anglais, même si la discussion s'établit en danois, ce qui renforce là aussi l'employabilité des étudiants. « Parfois, nous pouvons avoir l'esprit étriqué, mais en ce qui concerne l'éducation, notre perspective est assez internationale : nous savons que nous sommes un trop petit pays pour nous suffire à nous-mêmes. » Les enseignants sont régulièrement évalués. Le meilleur professeur est élu annuellement parmi tous les départements. Chaque groupe doit envoyer un e-mail avec des feedbacks à propos des cours et remplir un questionnaire en ligne. Le professeur peut lire les remarques de ses étudiants mais l'ensemble est surtout suivi de près par l'administration. Tous les quatre ou cinq ans, les professeurs doivent partir enseigner ailleurs afin de contribuer à renouveler l'équipe pédagogique.

À la différence des écoles de commerce, les universités danoises sont caractérisées par des semaines généralement peu chargées, comme le confie Frederikke : « Lors de ma première année de licence d'anthropologie, qui était la plus remplie, j'avais deux heures de cours par jour. J'étais bien entendu censée lire, découvrir, apprendre par moi-même une grande partie du temps. Il restait cependant flexible, permettant l'engagement ou la pratique d'activités extra-universitaires. Mes cours constituaient mon quatrième emploi. » L'assiduité n'est pas strictement contrôlée : chacun est placé face à ses responsabilités et doit adhérer volontairement au programme proposé. Du moment que les examens sont réussis, aucune règle intangible n'existe, même si les listes d'appels apparaissent depuis peu. Ceux qui étudient le font pour de bonnes raisons. J'interroge mon interlocutrice sur l'inégale maturité et les possibles répercussions d'absences répétées : « Ceux qui prennent un mauvais départ peuvent aussi apprendre de leurs erreurs. Ils reçoivent une leçon le jour où ils échouent à leurs examens. Ils comprennent avec l'expérience l'intérêt d'étudier et deviennent plus rigoureux. » Les étudiants sont invités en dehors des cours à accumuler les expériences professionnelles. Beaucoup travaillent pour des supermarchés, des magasins, des entreprises de livraison à Copenhague ou sont accueillis en stage dans des structures publiques ou privées. Toutes les offres se doivent d'être publiées en ligne (sur Jobindex par exemple), même dans le cadre de postes à moustache. Beaucoup d'emplois sont ouverts à tous les candidats en sciences humaines ou sociales, quelle que soit leur matière d'origine. En anthropologie, certains se tournent par exemple vers le département d'intégration de la municipalité. Ils peuvent aussi monter leurs propres associations (*foreninger*) ou entreprises. Remplir un formulaire en ligne suffit depuis que l'administration publique danoise a été digitalisée. L'argent attribué par l'État (SU), des revenus complémentaires (parents et travail à temps partiel), des prêts contractés à la banque permettent de se lancer dans l'entreprenariat. La plupart des universités de Copenhague proposent des workshops ouverts à tous les étudiants souhaitant créer leur propre entreprise ou promouvoir leurs activités (à Copenhague *Start Business as Student*). Ceux qui ont déjà une expérience solide dans ce domaine prodiguent des conseils aux nouveaux arrivants. Les taxes sont moins élevées si la rémunération s'effectue dans le cadre d'une entreprise que dans un contexte individuel. Le bénévolat est également très développé parmi les jeunes étudiants. 43 % des Danois exercent une activité bénévole de manière régulière ou occasionnelle, ce qui en fait la deuxième population la plus active de l'UE après les Pays-Bas d'après l'Eurobaromètre. Frederikke cumule ainsi diverses activités : elle est danseuse professionnelle, elle a enseigné, s'est engagée dans une association pour aider les migrants (à Hambourg en Allemagne et en Serbie), est la cofondatrice d'une association nommée Kindness Across Borders soutenant les enfants syriens, mène enfin des projets créatifs avec des amis photographes et musiciens.

Les étudiants qui arrivent à l'université respectent au Danemark comme dans d'autres pays nordiques la tradition du *Rustur* (en Norvège *Russefeiring* avec des étudiants portant des salopettes dont les couleurs reflètent les différentes spécialités), une excursion d'intégration plus ou moins lointaine ponctuée de ressources alcoolisées. Le *studentervogn*, un camion-char (ou plutôt un camion-bar) traversant la ville, est également très populaire. Les jeunes peuvent y consommer des bières et faire la fête tout en revenant chez eux à la fin de la tournée. Les lycéens ayant obtenu leur bac s'adonnent à une pratique similaire nommée *vognkørsel*. Les sorties nocturnes du vendredi ou du samedi, par exemple dans le Meatpacking District de Copenhague, sont également assez animées. «Je ne bois pas d'alcool, précise Frederikke, je suis très différente de la majorité des étudiants qui ont besoin de quelques verres pour se détendre en soirée. La société danoise est assez stricte et contrôlée. Chacun suit des trajectoires assez réglées. Nous avons besoin de moments de décompression.»

Du lycée à l'université, l'éducation danoise est donc profondément pratique, flexible, et s'appuie sur une responsabilité précoce. Je suis frappé par l'alliance d'une liberté presque totale et d'un calme quasi olympien. Les chemins sont sinueux mais farouchement orientés. Errer dans le couloir a aussi sa justification. L'optimisation amène à ce que nous appelons l'innovation. Presque rien n'est laissé au hasard, même le droit si nécessaire de se tromper. ■

CONCLUSION

Parmi l'ensemble des contradictions danoises, un mot clé vient tracer au terme de notre périple un fil d'Ariane particulièrement structurant : le système. Les Danois apprécient en lui la force des liens, le degré de cohésion et d'organisation, les principes de totalité et de complexité qu'il génère. Ils n'hésitent pas à le reproduire dans l'espace par une pratique modulaire ou symbiotique. L'invention du Lego, le développement par Maersk de l'échange par conteneur, l'expérimentation de l'écologie industrielle à Kalundborg en sont les exemples les plus représentatifs. Malgré cette jouissance du systémique, les Danois s'évertuent à ne jamais tomber dans le piège du systématique. L'agencement des hommes et des choses s'inscrit dans un culte voué au pragmatisme, où l'adaptation se doit d'être permanente. La flexisécurité (ou flexicurité) tant vantée à l'étranger prend alors toute sa teneur symbolique. Sécurité ne rime pas avec dogmatisme.

« On a un avis jusqu'à ce qu'on en ait un nouveau, pas vrai ? » La question de Jens-Otto Krag, ancien Premier ministre social-démocrate (1962-1968, 1971-1972), est restée célèbre. Elle appelait à infléchir sa pensée lorsque la connaissance des situations et des contextes s'avérait plus précise et à envisager alors une meilleure configuration. Une sorte de voyage en mer où le retour rassurant à la maison succéderait à une navigation à la boussole. « Optimiser », cet impératif catégorique sonne comme la dernière note d'un perfectionnisme porté alternativement à la solidité du système et à sa douce remise en cause. Même le loisir répond à l'injonction du « bien faire ». Émerge alors, sous un voile pudique de fausse modestie, une caverne pleine de simulacres : le peuple le « plus durable », le « plus uni », le « plus heureux ».

La capacité de résilience et l'ancrage sont les deux qualités les plus communément partagées au Danemark. Un Danois aspire avant tout à une vie tranquille. Il passe son temps à construire des coquilles rassurantes où il se sentira chez lui : une atmosphère *hyggelig* à la lumière de la bougie, une maison à la décoration soignée, un jardin où flottera un drapeau rouge affublé d'une croix blanche, une petite ville au bord d'un fjord, un jardin ou une maison à la campagne, une région, un État, le Norden et tout ce qui est encore trop loin, trop agité, trop menaçant. Ce fond paisible était comme partout condamné à subir la perturbation, à l'image d'un village tranquille qui serait gagné par l'agitation des villes. Les menaces grondent : crises, conflits, désordre. Alors naît l'innovation dans l'écho sourd de la résilience. Un Danois fait rarement le premier pas mais sa plus grande vertu est peut-être de réagir de la manière la plus constructive qui soit. En réparant, il se prend à reconfigurer. L'ingéniosité des Danois est d'avoir maîtrisé la puissance virale du décalage. ■

Remerciements

Je remercie Gaëlle Bidan et Henry Dougier pour l'attention qu'ils portent aux douces utopies, aux révolutions discrètes, à la recomposition silencieuse des peuples qui, à l'échelle de la vie humaine, ouvrent une porte pour comprendre la complexité de notre monde.
Merci à Pierre, Pascale et Amédée Escach, Francine Marty, Agathe Voisin et à mes amis, notamment à Thomas Battistoni, André Filler et François Cliquet pour leur soutien. Ce livre doit beaucoup à l'appel lancé avec Benoît Goffin pour une géographie plus subjective. Son élaboration a reposé sur un large travail de terrain en collaboration avec Sébastien Châble. Les débats ouverts à la fin de chaque entretien m'ont permis d'explorer la part de Potu et de Martinia sur les voies souterraines de Ludvig Holberg. Sur place, rien n'aurait été possible sans l'ambassade de France au Danemark (Nathalie Avallone, François Barjot, Thierry Robert et Son Excellence François Zimeray), les conseils avisés de Marc Auchet et l'accompagnement des équipes danoises à Paris (Marius Hansteen, Gitte Neergård Delcourt). Je tenais à m'excuser auprès de Jesper Stein, Malene Trock Hempler, Susie Skov Nørregård, Bjørn Kay, Louise Dalsgaard de n'avoir pas pu évoquer notre rencontre dans ce livre malgré l'intérêt de nos échanges.
Je dédie ce livre à tous ceux qui, à Caen, ont fait naître chez moi et beaucoup d'autres des rêves d'échappées nordiques : l'IEP de Rennes (campus Normandie à Caen), l'équipe des Rencontres franco-nordiques et des Boréales, le département d'études nordiques de l'université de Normandie, l'OFNEC, la revue Nordiques, *les cinémas Lux et Café des images.*

Déjà parus dans la même collection

Algériens, Thierry Perret
Allemands, Sébastien Vannier
Amazoniens, Nicolas Bourcier
Anglais, Éric Albert
Argentins, Alice Pouyat
Arméniens, Sèda Mavian
Belges, Jérémy Audouard
Boliviens, Frédéric Faux
Brésiliens, Marie Naudascher
Bretons, Pierre-Henri Allain
Calédoniens, Catherine Laurent
Cambodgiens, Éléonore Sok
Canadiens francophones, Lysiane Baudu
Catalans, Henry de Laguérie
Jeunes Chinois, Edgar Dasor
Écossais, Étienne Duval
Espagnols, Nacima Baron et Sylvia Desazars
Finlandais, Jean-Pierre Frigo
Gens du Nord, Geoffroy Deffrennes
Guadeloupéens, Caroline Bourgine
Indiens, Arundhati Virmani
Inuits, Anne Pélouas
Irlandais, Agnès Maillot
Islandais, Gérard Lemarquis
Israéliens, Jacques Bendelac et Mati Ben-Avraham
Japonais, Raphaël Languillon-Aussel
Kazakhstan – jeune nation entre Chine, Russie et Europe, Lise Barcellini
Lettons, Céline Bayou et Éric le Bourhis
Libanais, Laure Stephan
Lituaniens, Marielle Vitureau
Marseillais, Patrick Coulomb et François Thomazeau
Mexicains, Frédéric Saliba
Mongols, Antoine Maire
Napolitains, Marcelle Padovani
Néerlandais, Céline L'Hostis
Norvégiens, Vibeke Knoop Rachline
Palestiniens, Mélinée Le Priol et Chloé Rouveyrolles
Paraguayens, Laurence Graffin
Polonais, Maya Szymanowska
Québécois, Laurence Pivot et Nathalie Schneider
Roumains, Mirel Bran
Siciliens, Giovanni Privitera
Sud-Africains, Valérie Hirsch
Sud-Coréens, Frédéric Ojardias
Suisses, Dominique Dirlewanger
Thaïlandais, Eugénie Mérieau
Tibétains, Marie-Florence Bennes
Tunisiens, Pierre-Noël Denieuil
Ukrainiens, Sophie Lambroschini
Vietnamiens, Benoît de Tréglodé

Achevé d'imprimer par Corlet Imprimeur
14110 Condé-en-Normandie
N° d'imprimeur : 22050010
Imprimé en France